Arnold Bittlinger · Heimweh nach der Ewigkeit

Arnold Bittlinger

Heimweh nach der Ewigkeit

Tiefenpsychologische Meditationen zum christlichen Glauben

Kösel

ISBN 3-466-36381-0

Druck und Bindung: Kösel, Kempten
Umschlag: Elisabeth Petersen, Glonn
Umschlagmotiv: Andrea Mantegna, Camera degli sposi, Palazzo Ducale – Mantua (1474).
Foto: Archiv für Kunst und Geschichte, Berlin

1 2 3 4 5 6 · 98 97 96 95 94 93

Gedruckt auf umweltfreundlich hergestelltem Werkdruckpapier (säurefrei und chlorfrei gebleicht)

Inhalt

Zur Einführung

Es war in Westafrika. In einem entlegenen Dorf begegnete ich einem alten Afrikaner. Als er merkte, daß ich Deutsch sprach, begannen seine Augen zu leuchten. In seiner Jugendzeit war er Schüler einer Missionsschule, die von deutschsprachigen Missionaren geleitet wurde. Dort hatte er Deutsch gelernt und jetzt freute er sich, daß er wieder einmal in dieser Sprache reden konnte. Er führte mich zu seiner Hütte. Dort setzte er sich vor sein selbstgebautes Xylophon und begann zu spielen. Unter den Holzstäben waren als Klangkörper ausgehöhlte, getrocknete Kürbisse angebracht, die den Tönen einen vollen Klang verliehen. Zunächst spielte er eine rhythmische, afrikanische Weise, doch dann wurden die Töne leiser und er leitete über in eine schlichte Melodie. Und dann begann er mit seiner etwas zittrigen, aber immer noch schönen Stimme zu singen. Er sang ein Lied, das er in seiner Jugend in der Missionsschule gelernt hatte: »Wo findet die Seele die Heimat, die Ruh…« Sein Gesicht verklärte sich, und in seinen Augen standen Tränen, als er am Schluß der ersten Strophe die Zeile sang: »Die Heimat der Seele ist droben im Licht«. Ich spürte die Sehnsucht des alten Mannes nach der himmlischen Heimat.[1] Als er diese Zeile wiederholte, wurden auch meine Augen feucht und meine Seele wurde bewegt. Der Gesang des alten Afrikaners und die Klänge des Xylophons weckten auch in mir eine leise Sehnsucht – ein Heimweh nach der Ewigkeit.

Dieses Heimweh begegnet uns auch in der Bibel. So zum Beispiel in den Psalmen: »Meine Seele dürstet nach Gott, nach dem lebendigen Gott« (Ps 42,2), »Meine Seele dürstet nach dir wie ein dürres Land« (Ps 143,6), »Meine Seele verlangt und sehnt sich nach den Vorhöfen des Ewigen« (Ps 84,3). Und im Neuen Testament schreibt der Apostel Paulus: »Wir sehnen uns danach, daß wir mit unserer Behausung, die vom Himmel ist, überkleidet werden« (2 Kor 5,2). Der griechische Philosoph Plato bezeichnet diese Sehnsucht als ein Heimweh der Seele nach ihrem himmlischen Urbild. In der Sprache der Tiefenpsychologie ist es die Sehnsucht unserer Seele nach der Ganzheit, nach ihrem wahren Selbst. Es geht also nicht um eine weltabgewandte »Wehmut«, sondern im Gegenteil um die Erfahrung des Ewigen im Heute!

»Heimweh nach der Ewigkeit« ist die Grundmelodie des vorliegenden Buches. Die einzelnen Kapitel sind Variationen dieser Grundmelodie und, zwar recht verschiedene Variationen, von Allegro bis Grave, in Dur und in Moll. Ihrem Wesen nach sind diese »Variationen« Meditationen. Das Buch will deshalb nicht »durchgelesen«, sondern meditiert und betrachtet werden. Die einzelnen Kapitel, die in Anlage und Stil unterschiedlich sind, wollen dabei immer wieder andere Saiten unserer Seele zum Klingen bringen.

Heimweh nach der Ewigkeit ist Heimweh nach Gott. Davon redet die erste Variation. In diesem Kapitel geht es darum, daß wir hinter den überlieferten, oftmals befremdenden Gottesbildern den ganzheitlichen Gott entdecken, der »mehr als alles« ist.[2]

In der zweiten Variation begeben wir uns auf den Weg Jesu, der Urbild unseres Weges ist. Es ist der Weg, den unser wahres Selbst uns vorzeichnet und nach dem unsere Seele sich sehnt.

In der dritten Variation öffnen wir uns für den Heiligen Geist, der als Wasser, Feuer und Luft unsere irdische (»erdige«) Existenz durchdringt und uns hineinnimmt in die ganzheitliche, kosmische Wirklichkeit Gottes.

In der vierten Variation bewegt uns das christliche Leben, das ein Leben in zwei Wirklichkeiten ist. Diese Variation motiviert uns für eine Existenz, die sowohl im Himmel als auch auf Erden, sowohl in der Materie als auch im Geist, sowohl in der Zeitlichkeit als auch in der Ewigkeit gelebt werden will.

Und schließlich richtet die fünfte Variation unseren Blick auf die innere Welt, auf die »Ewigkeit«. Wir ahnen etwas von der Schönheit der göttlichen Welt, nach der sich unsere Seele sehnt. Heimweh wird in uns geweckt – Heimweh nach der Ewigkeit.

Oberhallau, am Ewigkeitssonntag 1992 *Arnold Bittlinger*

Wie ist Gott?

Einstimmung

Ich habe das Bild lange betrachtet, das Laura heute in die Analysestunde gebracht hat. Es war anders als ihre bisherigen Bilder. Rechts unten hatte sie eine dunkle Hand gemalt, mit spitzen Fingern und einem tiefschwarzen Kreuz auf dem Handrücken. Die Hand war ausgestreckt nach links oben, von wo sich ihr eine andere Hand entgegenstreckte. Diese Hand war jedoch in leuchtendem Gold gemalt. Zwischen den beiden Händen war ein hellgraues, wolkenartiges Gebilde, in dem man bei näherem Zusehen ein Gesicht entdecken konnte. Links unten war ein tiefschwarzer Kopf und rechts oben ein verworrenes Gemisch verschiedener mehrfach übereinandergemalter Farben. Auch die freien Flächen des Bildes waren mit diesem Farbengemisch ausgemalt.

Als ich Laura fragte, was dieses Bild für sie bedeute, meinte sie spontan: »Das ist Gott!« Und dann heftig: »Diesen Gott hasse ich!« Und nach einigem Zögern: »Aber ich komme nicht von ihm los.« Und dann – nach längerem Schweigen: »Das ist nicht nur Gott – das bin auch ich!«

Ich dachte: Ja so ist das – in der Tiefe unserer Seele sind vielfältige Gottesbilder. Je nachdem, welche Erfahrungen wir machen, werden die entsprechenden Gottesbilder in uns wachgerufen und treten vor unser inneres Auge.

Die Menschen der Bibel haben das auch so erlebt. Wenn israelitische Hirten erfahren haben, daß sie sicher durch Gefahren und Dunkelheiten hindurchgeleitet wurden, dann haben sie darin die Hand Gottes erkannt und ihn als »guten Hirten« gepriesen, der seine Schafe sicher leitet[3]. Oder wenn sie den Ort des Gottesdienstes als eine Stätte erfahren haben, an der sie anderen Menschen als Schwestern und Brüder – wie in einer Familie – begegnen konnten, dann fühlten sie sich geborgen in dieser Gottesfamilie

und erlebten Gott als »Vater« und »Mutter«[4]. Wenn jedoch in ihrem Leben Dunkelheit und Schrecken übermächtig waren, dann empfanden sie Gott als den »Schrecklichen«[5] oder als den Fernen, der seine Menschen in ihrer Not allein läßt[6]. Oder sie erlebten Gott als den »Gott der Heerscharen«[7], der im Kampf den Sieg schenkte, oder sie erlebten ihn als »Weisheit«[8], als Feuer und Wolke[9], als den »Allmächtigen«[10], »Barmherzigen«[11], als grimmige Bärin[12], oder als fürsorgliche Adlermutter[13]. All diese Vorstellungen und Bilder haben ihren Ursprung in Erfahrungen, die Menschen mit Gott gemacht haben. Sie zeigen aber jeweils nur eine Seite Gottes, nämlich die Seite, die gerade erfahren wurde. Sie zeigen nicht sein eigentliches und innerstes Wesen.
Wenn wir nach dem Wesen Gottes fragen, dann gibt die Bibel eine dreifache Antwort:

- Gott ist Licht
- Gott ist Geist
- Gott ist Liebe.

Gott ist Licht

Wir lesen im Neuen Testament: »Gott ist Licht, und es ist keine Finsternis in Ihm« (1 Joh 1,5). Ähnlich betet schon der Psalmsänger: »Finsternis ist nicht finster bei Dir, sondern die Nacht leuchtet wie der Tag. Finsternis ist wie das Licht« (Ps 139,12). Nun ist aber Gott nicht eine abstrakte philosophische Größe, die irgendwo im Weltall west, sondern er wohnt auch im Herzen eines jeden Menschen. Er ist unser wahres Selbst.
Gott wohnt in uns als Licht. So schreibt der Apostel Paulus: »Gott, der da hieß das Licht aus der Finsternis aufleuchten, ist als heller Schein in unseren *Herzen* aufgegangen« (2 Kor 4,6). Und Jesus sagt von denen, die Ihm nachfolgen, daß sie das »Licht des Lebens« (Joh 8,12) haben.
Und was bewirkt dieses göttliche Licht? Es vertreibt die Finsternis. Es gibt so manches in uns, was im Dunkel liegt: Dinge, die unsere

Umwelt oder wir selber nicht akzeptieren und die wir deshalb nicht leben, sondern ins Unbewußte abschieben und verdrängen. Dort führen sie dann ein unheilvolles Schattendasein.
Wenn wir auf die Stimme unseres wahren SELBST lauschen und uns für das göttliche Licht öffnen, dann scheint dieses Licht immer tiefer in die Finsternis, und wir erkennen in den Gestalten unserer Träume und in dem, was uns an anderen ärgert, das, was auch zu uns gehört und aus seinem dunklen Gefängnis und aus seinem Schattendasein ans Licht kommen und von uns angenommen werden möchte. Gott als Licht erleuchtet das, was verborgen ist.
In der Tiefe unserer Seele sehnen wir uns nach dieser Un-Verborgenheit, nach der Wahrheit (»Wahrheit« heißt im Griechischen »Un-Verborgenheit«). Wir verfehlen das Ziel unseres Lebens[14] und machen uns unglücklich, wenn wir uns gegen dieses aufdeckende göttliche Licht sperren. In der ewigen Welt gibt es kein Versteck[15], sondern alles ist offen und unverborgen. Danach sehnt sich unsere Seele. Sie hat Heimweh nach dem Licht und nach der Wahrheit.

Gott ist Geist

Wir lesen im Neuen Testament: »Gott ist Geist und die Ihn anbeten, die müssen Ihn im Geist und in der Wahrheit anbeten« Joh 4,24). Jesus sagt von diesem Geist: »Der Geist weht, wo er will. Du hörst zwar seine Stimme, aber du weißt nicht, woher er kommt und wohin er geht« (Joh 3,8). Jesus bringt damit zum Ausdruck, daß der göttliche Geist ein Geist der Freiheit ist[16], den man nicht festlegen oder einordnen kann, – auch nicht in ein moralisches oder dogmatisches Schema. Und so erscheint manches, was Gottes Geist wirkt und tut, den Menschen der Bibel rätselhaft und unverständlich, ja gelegentlich kommt ihnen der Geist Gottes vor wie ein »böser« Geist[17]. Nun sagt aber das Neue Testament in vielfältiger Weise, daß der göttliche Geist auch in uns, in der Tiefe unseres Wesens wohnt. Und was bewirkt dieser Geist in uns? Jesus sagt im Anschluß an das Wort »Der Geist weht, wo er will«: »*So* ist jeder, der aus dem Geist geboren ist« (Joh 3,8). Das heißt: Der Geist Gottes treibt uns, unseren eigenen Weg zu gehen, den Weg, der uns entspricht, den die andern nicht kennen und manchmal auch nicht verstehen.

Wenn wir uns für den Geist Gottes öffnen, dann befreit er uns zu unserer Originalität. Wir werden zu dem, was wir »eigentlich« sind. Wir werden zu unserem wahren Menschsein befreit.

Nach dieser Freiheit sehnt sich unsere Seele. Der Apostel Paulus sagt, daß der Geist in uns seufzt (Röm 5,5), – er hat Heimweh nach der Ewigkeit, nach seiner eigentlichen Heimat. Er sehnt sich nach der Freiheit.[18]

Gott ist Liebe

Wir lesen im Neuen Testament: »Gott ist Liebe, und wer in der Liebe bleibt, der bleibt in Gott und Gott in ihm« (1 Joh 4,16).

Und worin besteht diese Liebe? Sie besteht darin, daß Gott *Ja* zu uns Menschen sagt und uns annimmt, so wie wir sind. In Jesus Christus hat Gott sich selber in diese Welt hineinbegeben, um uns als Mitmensch zu begegnen und uns die Augen zu öffnen für die ewige Welt.

Von dieser göttlichen Liebe heißt es im Neuen Testament, daß sie »in unsere *Herzen* ausgegossen« (Röm 5,5) ist. Sie ist der »Christus in uns« (d.h. unser wahres SELBST). Sie ermöglicht somit auch uns ein rechtes Miteinander mit unseren Mitmenschen.

Unsere Befreiung zur Originalität geschieht nicht nur zu unserem eigenen Vorteil, sondern sie hat auch die Funktion, die menschliche Gemeinschaft, in der wir leben, zu bereichern und zu ergänzen, so wie die anderen uns bereichern und ergänzen. Unser wahres SELBST ist ein soziales SELBST!

Um dies zu veranschaulichen, gebraucht der Apostel Paulus das Bild vom Leib Christi: »Wie der Leib *einer* ist und *viele* Glieder hat, *alle* Glieder aber, obwohl es *viele* sind, *einen* Leib bilden, so ist auch der Christus ... Wenn ein Glied leidet, so leiden alle Glieder mit, und wenn es einem Glied gut geht, so freuen sich alle Glieder mit« (1 Kor 12,12 u. 26). Im menschlichen Miteinander entsteht dort die rechte Harmonie, wo einer nicht nur mit den anderen leidet, sondern sich auch über die Gaben der anderen freut und sich von ihnen ergänzen und bereichern läßt.
Nun haben wir aber gelegentlich den Eindruck, daß manche Menschen eher eine Plage als eine Gottesgabe sind. Das mag sein – aber vielleicht brauchen wir solche »Plagen«, damit wir nicht ins Kraut schießen oder damit wir in ihnen wie in einem Spiegel unsere Schattenseiten erkennen.
Es gibt keine zufälligen Begegnungen, sondern Gott stellt uns jeweils die Menschen an unseren Lebensweg, die wir brauchen zur Bereicherung, Ergänzung und Korrektur.
Nun gibt es aber auch Menschen, von denen wir den Eindruck haben, daß sie hauptsächlich dazu da sind, um unsere Hilfsbereitschaft zu wecken. Wir brauchen dabei gar nicht nur an die Allerärmsten zu denken – wir alle haben neben unseren Gaben und Fähigkeiten auch Schwächen und blinde Flecken und sind darauf angewiesen, daß andere uns helfen. Die Liebe befreit zum Geben und zum Nehmen und verhindert dadurch, daß sich einer über den anderen erhebt oder einer den andern demütigt.
Alles, was hier auf Erden aus Liebe geschieht, hat Anteil an der ewigen Welt.
Gott, dessen Wesen Liebe ist, ist das Zentrum der ewigen unvergänglichen und ganzheitlichen Welt. Die ewige Welt ist eine Welt der Liebe. Der Kosmos ist nicht ein leerer und kalter Raum, sondern er ist erfüllt von der wärmenden, alles umgreifenden ewigen Liebe. Nach diesem Gott der Liebe sehnt sich unsere Seele, und deshalb hat sie Heimweh nach der Ewigkeit.

Hiob ringt mit Gott

Wir sagten: Unsere Seele sehnt sich nach Gott, weil sie sich nach Wahrheit (»Licht«), Freiheit (»Geist«) und Liebe sehnt. Nun begegnen uns aber in uns selber und in unserer Umwelt ganz andere Gottesbilder. Es begegnet uns z.B. das Bild eines Gottes, der im Verborgenen lauert, eines unberechenbaren Gottes, vor dem wir uns fürchten.[19] Es begegnet uns weiterhin das Bild eines Gottes, der uns zur Unfreiheit verdammt und uns zu Sklaven macht, eines Gottes, dem wir absoluten Gehorsam schuldig sind.[20] Und es begegnet uns das Bild eines Gottes, der die Menschen keineswegs liebt, sondern sie in Versuchung führt und dann bestraft.[21] Solche Gottesbilder, die uns in uns selber und in unserer Umgebung begegnen, verdunkeln das wahre Wesen Gottes und verunmöglichen für viele Menschen eine echte Gottesbeziehung. Es geht deshalb darum, daß wir mit diesem verfremdenden und falschen »Gott« so lange ringen[22], bis das darunter verborgene wahre Wesen Gottes, nämlich Licht, Geist und Liebe, zum Durchbruch kommt. Ein solches Ringen mit Gott wird uns im biblischen Buch Hiob vor Augen gemalt.

Der Prolog

Wer ist Hiob? Vom Menschen Hiob wissen wir nur das, was im Buch Hiob steht. Der Name Hiob kommt zwar auch noch an zwei anderen Stellen in der Bibel vor, aber dort erfahren wir nichts Neues über ihn. So im Buch Hesekiel[23], wo Hiob neben Noah und Daniel als ein besonders »gerechter« Mann erwähnt wird, und im Jakobus-Brief[24], wo seine Geduld gelobt wird. Aber sonst wird nichts über ihn ausgesagt. Aus dem Buch Hiob wissen wir, daß er aus dem Lande Uz stammt, von dem wir ebenfalls nichts Näheres wissen. Man nimmt an, daß es östlich vom Toten Meer lag, also im Gebiet des heutigen Jordanien. Das Milieu, in dem Hiob lebte, und das uns das Buch Hiob vor Augen malt, ist das Milieu der Patriarchenzeit. Wir müssen uns aber hüten, diese Zeit zu eng auf die Zeit der biblischen Patriarchen zu begrenzen, also auf Abraham, Isaak und Jakob; denn in bestimmten Gegenden des Vorderen Orients dauert diese Zeit praktisch bis heute noch an. Wenn man sich Hiob vorstellen will, dann muß man etwa an einen arabischen Scheich denken.

Im Buch Hiob geht es um die Frage: Wie passen Gottes Allmacht und menschliches Leiden zusammen? Das Buch Hiob ringt mit dieser Frage wie kein anderes Buch der Bibel, und es gibt sich nicht mit vorschnellen, vorgegebenen Antworten zufrieden, sondern es versucht, in den Kern des Problems vorzudringen. Das Buch Hiob hat auf viele bedeutende Menschen einen großen Einfluß ausgeübt: So zum Beispiel auf Goethe, der seinen Faustprolog dem Prolog des Hiobbuches nachgestaltet hat, oder auf C.G. Jung, dessen letztes großes Werk »Antwort auf Hiob« heißt.

Das Buch Hiob hat einen klaren Aufbau: Da ist zunächst der Prolog, also ein einleitender Teil, der die Situation des Hiob aufzeigt und dann hintergründig durchleuchtet. Dann folgen Dialoge zwischen Hiob und seinen Freunden. Diese Wechselgespräche münden schließlich in einen imposanten, großartigen Schlußteil ein, in dem Gott selber mit Hiob redet.

Nun zur Thematik dieses Buches. Im ersten Kapitel wird uns geschildert, daß Hiob fromm und rechtschaffen ist, Gott fürchtet und das Böse meidet. Wir erfahren außerdem, daß er sehr reich ist. Es wird uns gesagt, daß er 7000 Schafe, 3000 Kamele, 1000 Rinder, 500 Eselinnen und außerdem noch viele Kinder, Knechte und Mägde hat. Niemand in der ganzen Gegend ist so angesehen wie Hiob. Doch dann bricht das Unglück über Hiob herein. Er verliert Hab und Gut, dazu seine Söhne und Töchter. Wir erfahren auch die Hintergründe dieses Unglücks. Satan will den frommen

Hiob versuchen und ihn zum Abfall von Gott bewegen. Hiob hält jedoch an Gott fest und sagt mitten im Leiden: »Nackt bin ich aus meiner Mutter Schoß gekommen, nackt werde ich dorthin zurückkehren. Gott hat's gegeben, Gott hat's genommen, der Name Gottes sei gelobt« (Hiob 1,21). Satan ist begreiflicherweise mit dem Ergebnis dieser Prüfung nicht zufrieden. Er fordert deshalb von Gott eine zweite Runde. Er sagt: »Strecke deine Hand aus, lege sie an sein Gebein und an sein Fleisch, so wird er sich offen von dir lossagen« (Hiob 2,5). Gott gestattet Satan diese zweite Runde, und wir lesen: »Satan schlug Hiob mit bösartigen Geschwüren von der Fußsohle bis zum Scheitel, so daß sich Hiob eine Scherbe nahm, um sich mit ihr zu schaben, während er mitten in der Asche saß« (Hiob 2,7f.). Da sitzt er nun in der Asche, arm, seiner Kinder beraubt, krank, ein Mensch im Elend.

Und nun kommen die Seelsorger anmarschiert: Zunächst werden drei erwähnt, später erfahren wir, daß noch ein vierter dabei ist. Außerdem wird die Frau des Hiob erwähnt. Hiob stellt seine Frau auf eine Stufe mit der Primitivseelsorge derjenigen, die nicht an Gott glauben. Was seine Frau sagt, ist für ihn Ausdruck des Geredes derer, die keine Hoffnung haben und deshalb sagen: »Was nützt dir deine Frömmigkeit, laß deinen Gott fahren und wirf dein Leben weg« (Hiob 2,9). Aber hier müssen wir aufpassen, daß wir nicht zu vorschnell urteilen. Es ist immerhin Hiobs Frau, die so redet, und das heißt, daß auch sie ihre Kinder verloren hat! Aus ihren Worten ist eine tiefe Enttäuschung über Gott zu spüren. Gewiß, man kann sagen, Hiobs Frau hat ein falsches Bild von Gott; sie hat sich vorgestellt, daß es einem Menschen, der rechtschaffen ist, gutgehen muß. Aber auch hier müssen wir vorsichtig sein, denn wer von uns hat schon ein richtiges Gottesbild! Auch wir müssen unser Gottesbild immer wieder korrigieren lassen. Eine erste Korrektur dieses Gottesbildes erfolgt durch Hiob. Er sagt: »Du redest wie die erste beste Törin reden würde. Das Gute haben wir von Gott hingenommen, sollten wir das Schlimme nicht auch hinnehmen?« (Hiob 2,10). Nur Hiob darf so reden, weil er im gleichen Leid steht. Wer theoretisch mit einem Menschen, den großes Leid getroffen hat, so reden würde, der würde falsch von Gott reden, er wäre ein schlechter Seelsor-

ger. Aber Hiob darf so reden, weil er dasselbe Leid erfahren hat wie seine Frau, und deshalb weiß, wie einem Menschen zumute ist, der in solches Leid gestürzt wird. Aber auch bei der Antwort des Hiob gilt es, vorsichtig zu sein. Wenn wir etwas gar so schnell heraussagen, wenn uns eine Antwort gar so schnell über die Lippen kommt, kann es sein, daß die Tiefe genau das Gegenteil meint.
Das wird an Hiob deutlich. Er hält diese Sätze »Der Herr hat's gegeben, der Herr hat's genommen, der Name des Herrn sei gelobt« und »Das Gute haben wir von Gott hingenommen, sollten wir das Schlimme nicht auch hinnehmen?« nicht durch. Das heißt: In seiner Tiefe ist etwas anderes als das, was zum Munde herauskommt. Was seine Lippen sagen, ist noch ein Überrest seines alten Gottesbildes. Es ist zwar schon eine beachtliche Aussage, aber nicht die ganze Aussage. Nun können wir aber genauso folgern, daß auch die Rede der Frau (»Was nützt dir deine Frömmigkeit, laß Gott fahren und wirf dein Leben weg«) auch nur eine erste Reaktion ist, und daß bei ihr im Hintergrund ein sehr viel richtigeres Gottesbild steckt als das, das Hiob zunächst gehabt hat. Das, was sie sagt, ist schon ein Stück dessen, was aus der Tiefe herauskommt. Das, was Hiob später sagt, nimmt die Frau in einer Kurzform vorweg.
Wir müssen also bei schnellen Reaktionen vorsichtig sein – ob sie nun positiv oder negativ sind: Es ist nicht alles, es steckt vermutlich wesentlich mehr (und oft etwas ganz anderes!) dahinter.

Die Seelsorger

Doch nun zu den Seelsorgern. Zunächst zeigen sie ein großartiges Einfühlungsvermögen. Es heißt: »Sie setzten sich zu Hiob auf die Erde, sieben Tage und sieben Nächte lang, ohne daß einer ein Wort zu ihm redete, denn sie sahen, daß sein Schmerz sehr groß war« (Hiob 2,13). Das ist Seelsorge, das ist echte Empathie.

Doch dann beginnen sie zu reden. Ihre Seelsorge besteht vor allem darin, daß sie den Hiob belehren. Für alle vier ist es klar: Das Leid, das über Hiob hereingebrochen ist, kommt von Gott. Auch Hiob sieht das so. Die Frage erhebt sich jedoch: Warum? Die Seelsorger finden die Antwort in ihrem theologischen System. Und wie sieht dieses theologische System aus? – Es besteht aus drei Wahrheiten. Die erste Wahrheit lautet: »Jeder Mensch ist ein Sünder.« Das wird an verschiedenen Stellen im Buch Hiob zum Ausdruck gebracht. So meint zum Beispiel Bildad: »Wie könnte ein Mensch vor Gott gerecht sein? Siehe, selbst der Mond ist nicht hell und die Sterne sind nicht rein vor ihm, wieviel weniger der Mensch, die Made und des Menschen Kind, der Wurm« (Hiob 25,4-6; vgl. auch 4,17ff; 15,14). Diese Erkenntnis, daß alle Sünder sind, kennen wir auch aus anderen Stellen der Bibel. So heißt es in einem Psalm: »Alle sind entartet, alle sind verdorben, da ist keiner, der Gutes tut, auch nicht einer« (Ps 14,3). Paulus zitiert diesen Vers in seinem Römerbrief (Röm 3,10ff.) und sagt dann: »Es ist kein Unterschied unter den Menschen, alle haben gesündigt und allen fehlt der Lichtglanz Gottes« (Röm 3,23). Die vier Seelsorger haben anscheinend recht, wenn sie sagen: »Jeder Mensch ist ein Sünder, also auch Hiob.« Das ist die erste theologische Wahrheit. Die zweite lautet: »Gott straft den Sünder.« So meint z.B. Elihu: »Gott vergilt dem Menschen nach seinem Tun, nach seinem Wandel läßt er's jedem ergehen, den Frevler läßt er nicht am Leben« (Hiob 34,11 u. 36; vgl. auch 8,3f.). Da jeder Mensch ein Sünder ist, ist nach dieser Theologie somit auch jeder Mensch dem Strafgericht Gottes verfallen. Und auch hier sind diese Seelsorger in Übereinstimmung mit Paulus, der schreibt, daß das Gericht Gottes über alle ergeht, die Böses tun und daß alle Sünder verurteilt werden (Röm 2,2 u. 12). Anscheinend haben die Seelsorger auch hier recht, wenn sie behaupten: »Gott straft den Sünder.« Sie folgern nun daraus, daß das Unglück, das Hiob getroffen hat, eine solche Strafe Gottes ist.

Und schließlich die dritte Wahrheit. Sie lautet: »Gott erbarmt sich über den bußfertigen Sünder.« So meint z.B. Eliphas: »Wenn du dich in Demut zum Allmächtigen bekehrst, dann wirst du ihn

bitten und er wird dich erhören; denn Gott demütigt den Übermut, doch wer die Augen niederschlägt, dem hilft er« (Hiob 22,23ff.; vgl. auch 5,17f.; 11,13-17). Auch das ist eine Wahrheit, die wir auch sonst in der Bibel finden. So schreibt Jesaja: »Der Gottlose lasse von seinem Weg und bekehre sich zu Gott, dann wird sich Gott seiner erbarmen; er bekehre sich zu unserem Gott, denn der ist reich an Vergebung« (Jes 55,7). Und im Neuen Testament ruft Petrus seinen Hörern zu: »So kehret nun um, damit eure Sünden getilgt werden« (Apg 3,19; vgl. auch Jak 4,10).
Die Freunde des Hiob sind also anscheinend gute Theologen, wenn sie sagen: »Jeder Mensch ist ein Sünder«, »Gott straft die Sünder« und »Gott erbarmt sich über den, der sich zu ihm bekehrt.«
Worin besteht nun ihre Seelsorge? Ihre Seelsorge besteht darin, daß sie Hiob noch einmal dieses Heilsschema vor Augen führen und ihn dann auffordern: »Wende dich zu Gott, tu' Buße, dann wird Gott sich über dich erbarmen.« – Was ist dagegen einzuwenden?

Die Reaktion des Hiob

Wie reagiert nun Hiob auf diese Seelsorge? Man hat den Eindruck, daß er geradezu mit einer einzigen Handbewegung die Argumente seiner Freunde vom Tisch wischt. Hiob kennt die Theologie seiner Freunde sehr gut. Es war auch seine eigene. Und früher – bevor ihn das Leid getroffen hatte – hätte er ganz genauso argumentiert wie diese vier. Er sagt deshalb: »Ich würde genauso reden wie ihr, wenn ihr an meiner Stelle säßet« (Hiob 16,4). Damit spricht Hiob ein vernichtendes Urteil über seine Seelsorger. Er meint: »Es ist euch nicht gelungen, euch in meine Situation zu versetzen, sondern ihr redet wie reine Theoretiker, die von der Sache nichts verstehen. Ihr habt die Situation dessen, den ihr beseelsorgern wollt, überhaupt nicht erfaßt. Und deshalb ist euer Reden ein unsinniges Geschwätz.« Er sagt: »Pfuschärzte seid ihr alle. Oh daß ihr doch stille schwieget. Das würde euch als Weisheit angerechnet werden« (Hiob 13,4f.). Warum sind sie Pfuschärzte? Weil sie nicht versucht haben, sich wirklich in die Situation des Hiob hineinzuversetzen, um von seiner ganz neuen Erfahrung aus zu verstehen, was Hiob jetzt bewegt! Sie haben von außen her an den Hiob herangeschwätzt. Wieso funktioniert eine solche Seelsorge nicht, obwohl doch das Heils-Schema, das sie Hiob vor Augen halten, anscheinend richtig ist und von vielen bis auf den heutigen Tag vertreten wird? Wieso funktioniert dann diese Seelsorge bei Hiob nicht? Hiob hat eine ganz neue, unmittelbare Gotteserfahrung gemacht, für die einer, der nicht davon betroffen ist, kein Verständnis haben kann. Hiob ist Gott in einer neuen Weise ganz persönlich begegnet, und zwar in einer unheimlichen Gestalt, und hat dadurch sein früheres Gottesbild, das ja dasselbe war wie das seiner Freunde, in den Grundfesten erschüttert.

Die Gotteserfahrung des Hiob

Hiob gewinnt nun von dieser Gotteserfahrung her eine neue Gotteserkenntnis. Die erste Erkenntnis lautet für Hiob: »Gottes Zorn wendet sich nicht nur gegen den Sünder, sondern auch gegen den Gerechten.« Hiob weiß, daß er in der Abhängigkeit von Gott gelebt hat; er weiß, daß er nicht mit den unbußfertigen Sündern auf eine Stufe gestellt werden darf. Er ruft deshalb aus: »Gott weiß, welchen Weg ich wandle. Prüft er mich – wie Gold gehe ich hervor. In seiner Spur blieb fest mein Fuß. Ich hielt fest an seinen Geboten und an den Reden seines Mundes« (Hiob 23,10ff.).
Für uns klingt eine solche Rede vermessen. Wenn einer von uns so zu Gott reden würde, würden wir sagen: »Der ist größenwahnsinnig, der hat keine Einsicht in seine Schattenproblematik.« Aber wir müssen beachten, daß das Buch Hiob der Meinung ist, daß Hiob recht hat, wenn er so redet, denn Gott

selber bescheinigt ihm im Prolog: »Seinesgleichen ist keiner auf Erden, so fromm und rechtschaffen, so gottesfürchtig und dem Bösen feind« (Hiob 1,8). Diese Aussage des Prologs kennt Hiob natürlich nicht, aber wir kennen sie und können deshalb nicht den Hiob als vermessen und als größenwahnsinnig beurteilen, denn seine Aussage stimmt mit dem Urteil Gottes überein. Wenn das so ist, wenn Gott so urteilt, dann erhebt sich die Frage: »Wieso wird dann der Hiob gestraft?« – Hiob kommt zu der Antwort: »Gottes Zorn wendet sich nicht nur gegen den Gottlosen, sondern auch gegen den Gerechten.« Und das drückt Hiob in Bildern aus, die sich geradezu überschlagen, so daß man merkt, daß hier aus der Tiefe des Hiob etwas herausbricht. (Das sind die stärksten Stellen, auch die poetisch beeindruckendsten Stellen im Buch Hiob.) Das ist nun etwas ganz anderes als der fromme Satz, den er am Anfang des Buches gesagt hat! Welch ein Unterschied im Tonfall und in der Sprache zwischen: »Gott hat's gegeben, Gott hat's genommen, der Name Gottes sei gelobt!« und »Sein Zorn zerreißt und befehdet mich; er knirscht mit den Zähnen über mir; er packt mich beim Nacken, er zerschmettert mich; er stellt mich als Zielscheibe für sich auf; seine Pfeile schwirren um mich her; erbarmungslos durchbohrt er meine Nieren und schüttet meine Galle auf die Erde; Bresche auf Bresche bricht Gott in mich hinein; er rennt wider mich wie ein Held!« (Hiob 16,9ff.). – Welch ein Unterschied zwischen den Aussagen, die aus einem theoretischen Gottesbild kommen, und dem, was aus der Tiefe als Antwort auf eine existentielle Erfahrung herausbricht! Hiob erfährt Gott als einen Feind, der gegen ihn wütet. Und das ist für Hiob eine neue und schreckliche Erkenntnis: »Gott wendet sich nicht nur gegen den Sünder, sondern auch gegen den Gerechten.« An dieser Stelle wird das Hiobbuch durchscheinend für das Kreuz Christi.

Für Hiob gibt es keine Begründung für diese Tatsache; er gewinnt deshalb eine zweite Erkenntnis, die aus dieser Erfahrung heraus geboren wird. Sie lautet für ihn: »Gott kann tun und lassen, was er will. Er ist nicht an ein Heilsschema oder eine Theologie gebunden.« Das ist zunächst eine schlimme Aussage, weil sie nach Willkür aussieht, und einen willkürlichen Gott wollen wir ja alle nicht haben. Er wäre zu bedrohlich. Aber Hiob sagt es so, weil er es so erfahren und erlebt hat! Er ruft aus: »Rafft er hin – wer will's ihm wehren, wer will zu ihm sagen: Was tust du da? Schuldlose vernichtet er wie Schuldige. Wenn seine Peitsche plötzlich tötet, dann lacht er über die Verzweiflung der Unschuldigen!« (Hiob 9,12 u. 22f.). – Merken wir, wie Hiob seinem Herzen Luft macht? Jetzt kommen seine Worte aus der Tiefe. Man kann sich vorstellen, daß ein »Gottloser«, einer, der Gott verachtet, so scharfe Aussagen gegen Gott formuliert[25] – aber der fromme Hiob? Ja, das sagt der *fromme* Hiob! So erfährt Hiob seinen Gott.

Vielleicht denken wir: »Man darf nicht so kränkend und beleidigend von Gott reden« – aber Hiob macht seinem Herzen Luft. Das ist echtes Beten. Das ist echtes Reden mit Gott. Hiob steht damit in einer Reihe mit den Psalmsängern, die ebenfalls ihr Herz vor Gott ausschütten und das Brodeln des Unbewußten nicht zurückhalten. Das ist tiefes, aus dem Herzen kommendes Beten, im Unterschied zum Geschwätz der Freunde. Das ist erlittene Theologie, im Unterschied zu theoretischen Lehrsätzen. In vielen von uns lebt irgendwo und irgendwie Auflehnung gegen Gott – auch wenn wir's uns nicht zugestehen oder wenn es uns unbewußt ist. Vielleicht sind wir wütend, weil Gott uns nicht so gemacht oder so geführt hat, wie wir es gerne gehabt hätten. Aber oft wagen wir nicht, das, was in der Tiefe unseres Wesens an Auflehnung gegen Gott lebt, herauszuschreien, sondern wir wenden uns mit frommen Sprüchen oder mit einer angeblich richtigen Theologie an Gott, und dadurch wird unser Christentum so unendlich langweilig. Ein solch theoretisches Christentum ist jedoch nicht nur langweilig, sondern auch gefährlich.

Ich habe es oft genug erlebt: Wenn Menschen nicht wagen, im Gebet ihren Unmut herauszusagen, und statt dessen wohlformulierte, wohltemperierte Sätze »beten«, sagen sie's um so schärfer gegenüber anderen Menschen heraus! Sie schütten den »Mistkübel«, den sie eigentlich vor Gott ausschütten sollten, vor anderen Menschen aus! Statt Gott anzuklagen, klagen sie dann andere

Menschen an – was überhaupt nichts hilft, sondern nur den Unfrieden in dieser Welt fördert.

Die theologisch »richtigen« Aussagen der Freunde sind also nicht nur falsch, sondern auch gefährlich. So macht es Hiob nicht, sondern er schreit vor Gott und gegen Gott heraus, was ihn umtreibt. Hiob begegnet einem Gott, der nicht in ein theologisches Schema hineinpaßt; es ist ein Gott, von dem es beim Propheten Jesaja heißt: »Ich bin der Ewige und keiner sonst. Ich bilde das Licht und ich schaffe die Finsternis. Ich wirke das Heil und ich schaffe das Unheil. Ich bin der Ewige, der dieses alles tut« (Jes 45,7). Das ist also die zweite Erkenntnis, die Hiob gewinnt: »Gott ist nicht an ein Heilsschema gebunden, sondern er kann tun und lassen, was er will.«

Und nun noch eine dritte Erkenntnis. Diese ist nach dem Vorausgegangenen erstaunlich. Die dritte Erkenntnis des Hiob lautet: »Gott ist trotz allem mein einziger Gesprächspartner. Er ist trotz allem der einzige, der mich versteht.« Die Freunde des Hiob hatten keine Ahnung von dem, was in Hiob vorging. Hiob sagt sich deshalb: »Der einzige, der weiß, was ich jetzt leide, ist Gott. Weil er sich mit mir einläßt, weiß er, was er mir zufügt und was ich leide.« Aus dieser Erkenntnis heraus will Hiob mit Gott reden. Er hat das brennende Verlangen, mit Gott ins Gespräch zu kommen. Und das ist das Großartige an Hiob, daß er sich in seiner Anklage nicht von Gott abwendet, sondern daß er zu Gott flieht. Er will mit diesem Gott ins Gespräch kommen, er will mit diesem Gott ringen und sich eher von ihm vernichten lassen, als von ihm zu lassen. So sagt er: »Ich will sprechen zu Gott: Laß mich wissen, warum du wider mich zürnst!« (Hiob 10,2). Oder: »Zum Allmächtigen will ich reden. Ich verlange danach, mit Gott zu rechten. ... Mag er mich töten, ich habe nichts zu hoffen. Nur meine Wege möchte ich vor seinem Angesicht darlegen« (Hiob 13,3 u. 15). Oder: »Wüßte ich doch, wo ich ihn finden könnte, wie ich zu seiner Stätte käme. Darlegen wollte ich vor ihm mein Recht und meinen Mund mit Beweisen füllen. Ich erführe dann die Worte, die er mir erwiderte und vernähme, was er mir sagen würde« (Hiob 23,3ff.).

Hier wird uns Hiob als ein Mensch vor Augen gestellt, der nicht nur sein Herz vor Gott ausschüttet, der nicht nur das heraussagt, was er empfindet, sondern der auch ein brennendes Verlangen hat, die Antwort Gottes zu hören. Er will erfahren, was Gott sagt. Und damit steht Hiob als ein echter Charismatiker vor unseren Augen. Ein »Charismatiker« ist ein Mensch, der das heraussagt, was in seinem Herzen ist, und der von Gott eine Antwort erwartet. Er will keine Antwort von Menschen hören. Er kann sehr genau unterscheiden, ob das, was ein Mensch sagt, aus seinem eigenen Kopf kommt, oder ob Gott durch diesen Menschen redet. Hiob will wissen, was Gott zu seinem »Herausschreien« sagt. Und so sagt Hiob: »Ich weiß, im Himmel lebt mein Zeuge« (Hiob 16,19). Dort ist der einzige, der für mich eintritt, der einzige, der mich versteht! Und so gewinnt er die Erkenntnis: »Gott mag den Gerechten verfolgen, er mag tun und lassen, was er will, letztlich bin ich doch nur bei ihm geborgen; er ist der einzige, der mich versteht.« Das ist also die dritte Erkenntnis, die aus der Leiderfahrung des Hiob geboren wird. Diese aus der Erfahrung gewonnene Gotteserkenntnis schleudert Hiob nun seinen Freunden entgegen. Hier steht »richtige« Theologie einer existentiellen, persönlichen Gotteserfahrung gegenüber. Es gibt kaum ein Buch der Bibel, wo das so klar zum Ausdruck kommt: Auf der einen Seite das Gottesbild, das die Freunde zäh verteidigen – und auf der andern Seite die persönliche Gotteserfahrung, die ständig gegen dieses Gottesbild anrennt.

Die Reaktion Gottes

Wie reagiert nun Gott auf diese Anklage des Hiob und auf die Reden der Freunde? Gott nimmt zunächst die Herausforderung des Hiob an. Das heißt, er nimmt den Hiob als Gesprächspartner ernst, und er fängt an, mit Hiob zu ringen, so wie er mit Jakob am Fluß Jabbok gerungen hat.[26] Aber er macht das auf eine

außerordentlich seltsame Art und Weise. Und zwar wirft Gott dem Hiob eine Flut von Gegenfragen ins Gesicht (Hiob 38f.). Er fragt: »Wo warst du, als ich die Erde gründete? Wer hat ihre Maße bestimmt, du oder ich? Hast du die Weiten der Welt erkannt? Bist du zu den Kammern des Schnees gekommen?« Gott malt dem Hiob die Größe und Herrlichkeit seiner Schöpfung vor Augen und zielt dabei ständig mit Fragen auf Hiob: »Wo bist du, wer bist du, kennst du die Hintergründe des Geschaffenen?« Er sagt zu ihm: »Auf, gürte deine Lenden wie ein Mann, so will ich dich fragen, und du belehre mich!« (Hiob 38,3).
Uns erscheint dieses Verhalten Gottes seltsam, vielleicht sogar ein wenig unfair. Erst wird der Hiob zusammengeknüppelt und dann auch noch verspottet! Gott sagt: »Du armer Wurm, wer bist du denn gegen mich?« Ich glaube, wir dürfen hier nicht stehenbleiben. Gott will, daß in dieser Tiefenerfahrung das alte Gottesbild des Hiob völlig zerschlagen wird. Gott geht es darum, ihm zu zeigen: »Hiob, du hast keine Möglichkeit, im Gespräch mit mir doch noch ein Stück deines alten Gottesbildes wieder aufzubauen. Du hast keine Möglichkeit, Gott dann doch noch zu verstehen und zu sagen: Ja also gut, irgendwo hat's Gott doch noch gut gemeint.« Das ist die Gefahr, in der wir immer wieder stehen, daß wir meinen, wir müßten Gott in seinem Tun rechtfertigen. Wer Gott wirklich begegnet in einem unmittelbaren Gotteserlebnis, wer eine Gotteserfahrung macht, die er so noch nicht in seinem Leben gemacht hat, der hört auf, Gott zu rechtfertigen. Er kann nur sagen: »Ich habe Gott so erfahren.« Gott will Hiob aus seinem moralistischen Gottesbild herausführen und ihn in die große Ganzheit hineinstellen. Deshalb malt er dem Hiob die gesamte Schöpfung vor Augen. Der Blick ist aber nicht auf Hiob beschränkt, der jetzt arm und krank in der Asche sitzt, sondern er weitet sich bis in den Kosmos. Gott kommt nicht als ein fünfter Seelsorger noch hinzu und sagt: »Ja gut, lieber Hiob, du hast dich recht verhalten und warst geduldig im Leid, jetzt machen wir alles wieder gut.« So ist Gott nicht, im Gegenteil: Er nimmt diesen Hiob, der da als armer Wurm in seiner Asche sitzt, und stellt ihn in die ungeheuerliche Weite der Schöpfung hinein.

Ich habe diesen Vorgang erst bei den Indianern verstehen gelernt. Wenn diese ihre Kranken heilen, ist es nicht das erste, daß sie sich um den Kranken kümmern, sondern, daß sie ihn in die unermeßlich große Schöpfung hineinstellen. Es wird zum Beispiel ein Sandmandala gestaltet – nur für diesen Kranken. Nachher wird dieses wunderbare Sandbild wieder zerstört. In dieses Mandala wird der Kranke hineingesetzt. Da sind die Sterne, da ist der Kosmos, da ist alles drin, auch der Sphärengesang. (Es gibt ein eigenes Lied für diesen Kranken, das seinen Seelenschwingungen entspricht!)

So wird auch Hiob hineingenommen in die Ganzheit der Schöpfung, und aus dieser großartigen Weite fließt ihm dann neues Heil, neue Ganzheit zu. Er wird aus der Kleinheit seines moralistischen Gottesverständnisses herausgeholt, indem ihm Gott die Schöpfung vor Augen malt, eine Schöpfung, in der sowohl die lobsingenden Engel als auch der feuerspeiende Drache ihren Platz haben. Hiob merkt plötzlich: Das alles gehört zu Gott – auch das Leiden, das ich erdulde. Daß Hiob das verstanden hat, zeigt, daß er wirklich ein frommer Mann ist. Er ist wirklich einer, der Gott nahe ist. Gerade hat er noch behauptet: »Ich will meinen Mund mit Beweisen füllen, ich will mein Recht vor Gott darlegen!« – Und jetzt sagt er: »Was soll ich dir antworten? Ich lege meine Hand auf den Mund« (Hiob 40,3f.). Wir haben den Eindruck, daß Hiob von der Größe Gottes überwältigt ist.

Ich würde mir wünschen, daß hier noch etwas mehr gesagt wäre, aber wir können wenigstens die Richtung erahnen. Es ist wahrscheinlich auch wieder so, daß uns die Bibel keine perfekte Antwort gibt, sondern daß sie Raum läßt für unsere eigenen Erfahrungen mit Gott. Hiob scheint von dieser Größe Gottes etwas erahnt zu haben, so daß er nur noch schweigen kann. Er erkennt, daß Gott nicht ein Gott ist, der sein Tun rechtfertigen müßte, mit dem man argumentieren kann und der sich verteidigen müßte, sondern er begegnet einem Gott, in dem alle Farben und Schattierungen enthalten sind, auch der Aufruhr und die Anklagen des Hiob. Und von diesem Gott weiß sich Hiob in den Abgründen und in den Höhen seines Lebens verstanden. Zu diesem Gott kann er hinfliehen in allen Situationen. Und weil Gott überall da ist, sowohl im Wasser als auch im Feuer – selbst in der Hölle![27] – gehört auch Hiob zu ihm mit all seinen Erfahrungen. Dadurch, daß Hiob sich von Gott überwältigen läßt, kommt in ihm eine neue Gotteserkenntnis zur Reife. In seiner Auflehnung hat Hiob Gott nur zum Teil erkannt, – jetzt erahnt er die Ganzheit. Nachdem er von Gott überwältigt ist, bekennt er: »Nur vom Hörensagen hatte ich von dir gehört – jetzt aber hat mein Auge dich gesehen« (Hiob 42,5).

Und was sagt Gott zu den Seelsorgern? – Er wendet sich gegen die Theoretiker. Er sagt: »Mein Zorn ist entbrannt wider euch, denn ihr habt nicht recht von mir geredet, wie mein Knecht Hiob« (Hiob 42,7). Das ist seltsam. Gott, der den Hiob überwältigt hat, sagt jetzt: »Hiob hat recht von mir geredet.« – Was heißt das? – Recht von Gott reden können nur diejenigen, die sich mit ihm einlassen. Wer theoretisch von Gott redet, redet falsch von Gott, denn Gott kann nicht in ein System gepreßt werden. Recht von Gott reden können nur diejenigen, die ihre Zweifel und Fragen herausschreien und sich dann von Gott überwältigen lassen. Von solchen Menschen lebt die Welt.

Gott sagt zu den Seelsorgern: »Nur wenn Hiob für euch fürbittend eintritt, dann könnt ihr von mir Gnade erwarten« (Hiob 42,8). Die unfähigen Seelsorger sind somit auf die Hilfe dessen angewiesen, den sie beseelsorgern wollen. Das ist eine ganz wesentliche Wahrheit, die das Buch Hiob uns hier mitteilt: Diejenigen, die es wagen, sich mit Gott einzulassen, die es wagen, auch etwas »Unrichtiges« und sogar »Gotteslästerliches« auszusprechen – so wie Hiob –, das sind diejenigen, die die Welt tragen und nicht diejenigen, die mit ihren frommen Gebäuden und Theorien meinen, sie würden alles richtig machen. Maxim Kovalevsky hat einmal gesagt: »Wer gefunden hat, ist kein Christ.« Ein wegweisender Satz! Es geht um ein ständig neues Ringen mit Gott, so wie es Paulus schreibt: »Der Geist erforscht alle Dinge – auch die Tiefen der Gottheit« (1 Kor 2,10). Auch Hiob gibt sich nicht mit einer vorschnellen Antwort zufrieden.

Und der Schluß? Wir kennen ihn alle: Hiob erhält mehr, als er vorher hatte. Wer mit Gott gerungen hat, wem alles Eigene zerschlagen worden ist, wer Sieger geblieben ist, dadurch, daß er sich von Gott besiegen ließ, der hat alles gewonnen. Das ist ja der Sinn einer jeden Tiefenerfahrung, daß wir noch mehr bekommen, als wir vorher hatten. Auch die Leiderfahrung bedeutet für unser Leben einen neuen, ganz wesentlichen Zuwachs und einen neuen Reichtum. Alle Erfahrungen, die wir machen, sind auch Gotteserfahrungen, d.h. Gott macht diese Erfahrungen in uns und mit uns. Deshalb ist Gott Mensch geworden, weil er ohne diese Erfahrung unvollständig gewesen wäre. Solange die Menschheit nicht auch noch in die Gottheit eingebracht ist, ist Gott unvollständig. Und deshalb ist das Christusgeschehen ein Geschehen, das über allen Zeiten steht.[28] Jesus Christus hat Gott dadurch vervollständigt, daß er die Menschheit mit eingebracht hat in die Gottheit. Und Christus sagt, daß er unvollständig bleibt, solange die Menschen nicht mithineingebracht werden in den Leib Christi und damit in die Gottheit. Das ist der große Prozeß, in dem wir alle stehen.

Hiob erhält also durch seine Leid-Erfahrung mehr, als er vorher gehabt hat.[29] Wer mit Gott gerungen hat, wem das Eigene zerschlagen worden ist, wer Sieger geblieben ist, dadurch, daß er sich von Gott besiegen ließ, hat viel gewonnen. Die Angriffe der finsteren Mächte können letztlich nur den Selbstgerechten zu Fall bringen, den Glaubenden treiben sie nach vorn in die Arme Gottes. Gewiß: Auch Glaubende können stolpern, – aber sie stolpern Gott entgegen.

Selbsterfahrung als innere Reise

Hiob hat mit Gott gerungen, und durch dieses Ringen ist in ihm eine neue ganzheitliche Gotteserkenntnis zur Reife gekommen. Er ist dem Gott begegnet, der »mehr als alles« ist.
Um einen ähnlichen Reifungsprozeß geht es auch im Gleichnis Jesu vom Vater und den beiden Söhnen (Lk 15,11-32). Anders als bei Hiob geht es jedoch in diesem Gleichnis nicht um ein »Ringen« mit Gott, sondern um die Gotteserfahrung, die mit der Selbsterfahrung verbunden ist.

Das Gleichnis Jesu vom Vater und den beiden Söhnen ist eine der schönsten Kurzgeschichten der Weltliteratur. Wie alle großen Texte, kann man auch diese Geschichte auf verschiedene Weise verstehen und deuten. Wir wollen sie in der folgenden Ausführung als eine innere Selbsterfahrungsreise verstehen und uns dann fragen, welche Gotteserfahrungen mit den Selbsterfahrungen verbunden sind.

Der Aufbruch

Ein Mann hatte zwei Söhne; der jüngere sagte zu seinem Vater: »Vater, gib mir den Teil der Erbschaft, der mir zusteht.« Da teilte der Vater seinen Besitz unter die beiden auf. Nach einigen Tagen machte der jüngere Sohn seinen ganzen Anteil zu Geld und zog in die Fremde. Dort lebte er heillos in Saus und Braus und verjubelte alles (Lk 15,11-13).

Wir wollen versuchen, uns in die Situation des jüngeren Sohnes einzufühlen. Wie stellen wir ihn uns vor? Wie ist er angezogen?

Was hat er für ein Gesicht? Hat er einen Bart? Was hat er für Augen? Solche Fragen sind wichtig, damit wir diesen »Sohn« als innere Gestalt kennenlernen.[30] Dieser Sohn hat einen *idealen* Vater, so ideal wie es ihn überhaupt nicht gibt. Der Vater gibt, wenn man etwas von ihm verlangt, er vergibt, wenn man etwas versiebt hat, er wartet, wenn man davongelaufen ist, und er beschenkt, wenn man zurückkehrt. Einen irdischen Vater, der so handelt, den gibt es nicht. Ein solches Idealbild eines Vaters muß ja den Sohn erdrücken. Das ist ein Vorbild, das er nie erreichen kann. Es gibt für ihn deshalb nur zwei Möglichkeiten: Entweder er fügt sich diesem großartigen Vater und führt dann ein Dasein im Schatten dieses Vaters. Dann ist er immer der Kleinere, immer derjenige, der diesen Vater nie erreicht. Oder er läuft davon und versucht, sich selber ein Leben aufzubauen, unabhängig vom Vater. Der jüngere Sohn entscheidet sich für die zweite Möglichkeit. Um den Schnitt zwischen sich und dem Vater endgültig zu machen, fordert er sein Erbteil. Das war nach damaligem jüdischen Recht ein Drittel des Besitzes. (Der ältere Sohn erhält zwei Drittel.) Wir müssen uns klarmachen, was das bedeutet. Es bedeutet, daß der Sohn den Vater innerlich für *tot* erklärt. Denn das Erbe wird normalerweise erst ausgezahlt, wenn der Vater gestorben ist. Das Gleichnis sagt also: Für den jüngeren Sohn ist der Vater jetzt tot. Es beginnt für ihn ein neues Leben, das vom Vater unabhängig ist. Sich von einem solchen Ideal-Vater zu lösen, ist eine mutige Tat. Das ist nicht einfach, und das schafft auch nicht jeder. Manche schaffen es ihr Leben lang nicht und verkümmern im Schatten eines solchen übermächtigen Vaters (so wie es der »kleine« Sohn eines »großen« Vaters einmal formuliert hat: »Mein Vater war ein Hüne und ich bin ein Hühnchen!«).

Wir wissen nicht, wie der jüngere Sohn im Gleichnis die Ablösung innerlich geschafft hat. Wir wissen aber, wie sie junge Leute heute schaffen, nämlich dadurch, daß sie auf einen solchen Ideal-Vater negative Eigenschaften projizieren. Nur dadurch wird eine Ablösung überhaupt erst möglich. Was könnte der jüngere Sohn auf seinen Vater projiziert haben? Das sollten wir uns möglichst plastisch vorstellen, damit wir unseren inneren Vater kennenlernen. Er könnte zum Beispiel gesagt haben: Mein Vater ist ein scheinheiliger Tyrann. Er gibt sich nur deshalb so »mild« und so »gut«, weil er niemand neben sich aufkommen lassen will. Er unterdrückt alle und ist nur an scheinheiligem Gehorsam interessiert. Dadurch verhindert er die Selbstwerdung seiner Kinder. Wir kennen solche Projektionen, die ja Autoritätspersonen gegenüber in dieser oder ähnlicher Form heute häufig gesagt oder gedacht werden. Diese Projektionen sind notwendig, damit wir uns ablösen können von dem, was uns erdrückt und verprägt. Es ist notwendig, daß wir eigenständige Menschen werden und nicht Schattengewächse bleiben. Erleichtert wird der Aufbruch durch den selbstgerechten älteren Bruder. Der Jüngere will nicht ständig unter der Bevormundung dieses selbstgerechten Bruders leben.

Daß der jüngere Sohn einen idealen Vater und einen selbstgerechten Bruder hat, bewirkt bei ihm offensichtlich ein tiefes Minderwertigkeitsgefühl. Es äußert sich in der Gier nach Haben-Wollen, in der Sucht, mehr für sich selber zu erraffen, um seinen eigenen Mangel zu stillen. Das An-sich-Reißen, das Mehr-für-sich-Haben-Wollen ist ein Zeichen dafür, daß er innerlich einen Mangel empfindet. Der jüngere Sohn sagt deshalb schon in der Ausgangssituation: »Vater, gib mir!« Das Verlangen nach Ablösung vom Vater ist gekoppelt mit der Gier, selber etwas zu sein und zu haben. Die Gier nach Geld ist zunächst die Gier nach Unabhängigkeit, denn zu Hause ist er abhängig. Es ist weiterhin die Gier nach Anerkennung: Zu Hause ist er der Jüngste und damit der am wenigsten Anerkannte. Der jüngere Sohn empfindet einen Mangel in seinem Leben, und er versucht, ihn auszufüllen. Er kann dies jedoch nur mit den Gaben tun, die der Vater ihm gibt.

Nun wird ein Vierfaches von diesem Sohn ausgesagt: Er packt sein Vermögen zusammen, er zieht in ein fremdes Land, er vergeudet sein Vermögen, er lebt heillos.

1. Daß der jüngere Sohn seine Habe zusammenpackt, heißt doch wohl, daß er sein Erbe versilbert hat, denn ein Erbteil bestand in der damaligen bäuerlichen Gesellschaft nur zum Teil aus Geld. Es bestand hauptsächlich aus Weinbergen, Äckern und Vieh. Um sein Erbe mitzunehmen, muß er es verkaufen, das heißt: Er tauscht ein Stück Lebendigkeit (nämlich Weinberge, Felder und Vieh) gegen Geld, das heißt, gegen tote Materie ein. – Mich packt manchmal eine große Traurigkeit, wenn ich sehe, wie unsere Hecken und Wälder, unsere Wiesen und Felder und viele Tierarten mehr und mehr verschwinden, weil wir darauf Straßen, Flugplätze, Fabriken und Hochhäuser erstellen. Auch wir verlieren dadurch an Lebendigkeit.

2. Der jüngere Sohn geht in ein fremdes Land, weg aus dem Bereich des Vaters. Wenn in Träumen, Gleichnissen oder Märchen von äußerer Entfernung die Rede ist, ist damit oft eine innere Distanz gemeint. Der Sohn hat den Vater für tot erklärt und geht auf Distanz. Er hat keinen Vater mehr. In die Fremde gehen heißt aber auch: nicht mehr der Sitte des Landes, des Dorfes oder der Familie unterworfen sein, nicht mehr angepaßt leben, sondern ohne Rücksicht auf die bisherige Umwelt leben – so wie es einem entspricht.

3. Der jüngere Sohn vergeudet sein Vermögen, das heißt, er kann mit den Gaben, die er an sich gerafft hat, nicht umgehen. Im Grimm'schen Märchen »Der gescheite Hans«[31] wird erzählt, daß Hans regelmäßig seine Braut Gretel besucht. Die Gretel fragt ihn jedesmal, was er ihr mitgebracht habe. Und der Hans antwortet, daß er nichts mitgebracht hat, sondern etwas von ihr will. Sie schenkt ihm jeweils etwas, aber der Hans kann nicht damit umgehen. Die Nadel, die sie ihm schenkt, steckt er in einen Heuwagen. Das Zicklein, das er bekommt, steckt er in die Tasche, und den Speck, den er bekommt, zieht er an einer Schnur hinter sich her, so daß die Hunde ihn auffressen. Hans verliert immer das, was er bekommt, oder es gereicht ihm zu Schaden. Am Schluß verliert er auch seine Gretel. Auch unser Gleichnis macht deutlich, daß das erraffte Geld

dem Gierigen nicht zum Segen gereicht. Er kann nicht damit umgehen.

4. Er führt ein *heilloses* Leben. Heil ist das, was ganz ist. Wir brauchen dieses Wort auch heute noch gelegentlich in diesem Sinne, wenn wir zum Beispiel einen zerbrochenen Stuhl wieder ganzmachen und dann sagen, jetzt sei er wieder *heil*. Der Davongelaufene führt ein heil-loses Leben. Sein Leben ist nicht ganz, sondern gespalten. Psychologisch bedeutet dies, daß eine einseitige Bewußtseinshaltung den Gegenpol in den Schatten drängt, von wo aus er sich störend bemerkbar macht. Der Auszug bewirkt also kein Heil, keine Ganzheit, sondern Gespaltenheit. Trotzdem ist er ein Fortschritt im Vergleich zum unbewußten Leben im Vaterhaus, wo der Vater alles entscheidet, wo der Vater bestimmt, was recht und unrecht ist. Der Sohn brauchte nur zu gehorchen. Jetzt muß er selber entscheiden, was gut und böse ist. Er ist erwachsen geworden und muß zwischen Recht und Unrecht entscheiden.
   Wir merken: das ist die Thematik der Paradiesgeschichte. Dort leben Adam und Eva zunächst auch in »kindlicher Unschuld«, aber sie bleiben nicht Kinder, sondern gelangen durch ihr »Nein« zu Gott zur Erkenntnis des Guten und des Bösen, und damit begann das Dilemma des selber Entscheidenmüssens.

Die andere Seite

Als er nichts mehr hatte, kam über jenes Land eine große Hungersnot, und er begann Mangel zu leiden. Er hängte sich schließlich an einen Bürger jenes Landes, der schickte ihn aufs Feld, um Schweine zu hüten. Und er hatte ein gieriges Verlangen, sich zu sättigen mit dem Futter, das die Schweine fraßen – aber niemand gab es ihm (Lk 15,14- 16).

Der Sohn wollte Unabhängigkeit, er wollte ein Leben in Fülle, er wollte Anerkennung im Kreise von Gleichgesinnten und Gleich-

altrigen. Das alles erfährt er – aber er erfährt auch das Gegenteil. Er lernt auch die Gegenseite der Medaille kennen. Diese Kehrseite begegnet ihm in drei Schattengestalten.
Da ist zunächst *der Unterwürfige,* der sich an den Bürger des fremden Landes hängt. Statt der Unabhängigkeit, erlebt er nun die Unterwürfigkeit und Sklaverei.
Die zweite Schattengestalt ist *der Hungrige,* der nichts zu essen hat. Das Leben in Fülle hat als Kehrseite das Hungerleiden.
Eine dritte Schattengestalt ist der *Einsame.* Statt der Gemeinschaft mit Gleichgesinnten, erfährt er nun die Einsamkeit.
Was in dieser Geschichte als ein Nacheinander gezeichnet wird, ist in Wirklichkeit ein Miteinander. Wir kennen das von unseren Träumen. Dort, wo wir im Bewußtsein eine Haltung besonders stark aufgebaut haben, erscheint die Gegenhaltung in den Träumen, – weil sie auch da ist. Es ist also gefährlich, wenn wir immer in der »Nimm-Haltung« leben. Denn je mehr wir äußerlich erraffen, desto ärmer werden wir innerlich. Wenn die Spaltung zwischen »außen« und »innen« zu stark wird, dann verselbständigt sich die innere Gestalt und wir werden krank. Jesus sagt: »Was hülfe es dem Menschen, wenn er die ganze Welt gewänne und nähme Schaden an seiner Seele?« (Mt 16,26). Die beiden Dinge haben miteinander zu tun: »Die Welt gewinnen« und der dadurch entstehende »Schaden an der Seele«. Wir verstehen deshalb, daß sich Jesus besonders den Zöllnern zuwandte, denn es war damals der Beruf der Zöllner, Gewinne zu machen. Die damaligen Zöllner waren die typischen Vertreter des Nehmens und des Raffens. Bei ihnen mußte deshalb auf der anderen Seite eine besonders deutliche innere Gegenfigur aufgebaut gewesen sein, nämlich die Schattengestalten Armut und Mangel. Hier konnte Jesus anknüpfen.
Wir sagten: Das Leben des jüngsten Sohnes ist ein »heilloses« Leben, denn die Ganzheit fehlt. Es ist ein gespaltenes Leben zwischen einer äußeren Fassade und den inneren Schattenfiguren. Äußerlich die Unabhängigkeit, innerlich die Abhängigkeit (der Sklavenhalter ist eine negative Vaterfigur, somit wird auch die Vaterfigur ausbalanciert). Der ideale Vater hat einen inneren Gegentyp. Äußerlich ein Leben in der Fülle, innerlich der Hunger

(Geld macht die Seele nicht satt!). Äußerlich die Anerkennung von Freunden und innerlich die Einsamkeit.
Wir wollen nun diese inneren Gegenfiguren auch beim älteren Bruder betrachten. Auch der hat diese inneren Schattenfiguren. Für ihn ist die Erkenntnis seines Schattens jedoch sehr viel schwieriger, weil er äußerlich in einer scheinbar heilen Welt lebt. Aber auch er ist ein zerrissener, gespaltener Mensch. Die Gespaltenheit des älteren Bruders ist an den Vorwürfen, die er sowohl gegen den Vater als auch gegen den Bruder erhebt, deutlich zu erkennen (Lk 15,28-30). Er sagt zu seinem Vater im Zorn: »Ich habe noch nie dein Gebot übertreten!« Und: »Du hast mir noch nie einen Ziegenbock gegeben, daß ich mit meinen Freunden hätte feiern können.« Und weiter: »Der da, dein Sohn, hat dein Geld mit Nutten durchgebracht.«
Dadurch, daß er diese Dinge im Zorn sagt, das heißt, in einer inneren Erregung, wird deutlich, daß seine Schattenfiguren sichtbar werden. Es sind seine eigenen Wünsche, die er nicht zu realisieren wagt. Es ist immer so, wenn wir im Zorn etwas gegen einen anderen Menschen sagen, dann hat das mit dem zu tun, was in uns selber ist, und was wir nicht auszuleben wagen. Äußerlich sagt der ältere Sohn: »Ich habe nie dein Gebot übertreten!« Die innere Stimme aber sagt: »Wie gerne hätte ich deine Gebote übertreten! Ich habe es aber nicht gewagt!« Äußerlich sagt er: »Du hast mir noch nie einen Ziegenbock gegeben, daß ich mit meinen Freunden hätte feiern können!« Die innere Stimme aber sagt: »Ich möchte auch ein solches Leben führen, wie mein jüngerer Bruder es geführt hat, – aber ich wage es nicht.« Die äußere Stimme sagt: »Dieser, dein Sohn, hat dein Vermögen mit Nutten durchgebracht!« Die innere Stimme sagt: »Wie gerne hätte ich das auch getan, aber ich habe es nicht gewagt!«
Wir merken also: Dadurch, daß der ältere Sohn äußerlich im Vaterhaus bleibt, ist er innerlich um keinen Deut näher beim Vater als der Davongelaufene. Innerlich hat der ältere Bruder ganz andere Wünsche, als er äußerlich zu erkennen gibt. Und so ist das auch bei vielen sogenannten Christen. Es besteht auch bei ihnen der Zwiespalt zwischen dem äußeren Verhalten und den

inneren Wünschen! Wenn wir ganzheitlich leben wollen, ist es wichtig, daß wir unsere inneren Wünsche kennenlernen. Unsere inneren Wünsche erkennen wir besonders gut an den Vorwürfen, die wir anderen machen, oder an dem, worauf wir neidisch sind. Es hat keinen Wert, wenn wir zu früh von Gnade reden, denn Jesus hat deutlich gesagt, daß die Gnade den Sündern gilt und nicht den Gerechten. Das Problem des älteren Bruders besteht darin, daß er nicht sieht, daß auch er ein Sünder ist. Er sieht es nicht, weil er so gehorsam, so bescheiden und so anständig ist. Er hat keine Einsicht in seine Dunkelheit und kritisiert deshalb das, was in ihm dunkel ist, an anderen. Anders ist es bei dem jüngeren Sohn. Er gewinnt Einsicht in seine Situation, und zwar deshalb, weil er seine Schattengestalten handgreiflich vor Augen hat. Indem er die eine Seite auslebt, macht sich die andere Seite als Gegenpol deutlich bemerkbar. Sie wird aktiviert, so daß er sie handgreiflich vor sich sieht. Beim älteren Sohn dagegen bleibt die Schattenseite im Dunkeln, so daß seine Gespaltenheit nicht offenbar wird. Der ungelebte Teil seines Wesens schmachtet im Kerker.
In einem japanischen Gedicht heißt es:

In jedem Menschenherzen
zu allerinnerst
weint ein Gefangener
in unnennbarer Traurigkeit.

Wer ist der Gefangene? Es ist der Teil unseres Wesens, der nicht gelebt wird, den wir von uns wegschieben, dem wir keine Lebensmöglichkeit geben. Es ist das, was hinter der Maske ist. Gott sei Dank, kommt die Schattenseite des älteren Bruders wenigstens in seinem Zorn heraus. Es geht jedoch darum, daß er selber sieht, daß das, was er anderen vorwirft, seine eigene ungelebte Seite ist! Es ist also keineswegs nötig, daß der ältere Sohn auch äußerlich davonläuft und ein Leben führt, wie der jüngere es geführt hat, aber es ist wichtig, daß er sich auf eine »innere Reise« begibt. Dort kann er seine Schattenseite ebenfalls kennenlernen.
So geht es auch bei uns immer wieder darum, daß wir unsere Traurigkeit hochkommen lassen, daß wir ihr gestatten, sich in

Figuren zu verdichten (wie es unsere Träume ohnehin tun!) und daß wir dann den Hungrigen, den Erniedrigten, den Einsamen, aber auch den Sklavenhalter usw. in uns erkennen.
An den Schattenfiguren erkennen wir, was uns innerlich fehlt. Der jüngere Sohn erkennt seine wahre Lage und seine innere Traurigkeit in den negativen Figuren. Die lassen ihn hinter die Fassade schauen. Er sieht jetzt seine Einsamkeit, seinen Hunger und seine Abhängigkeit, und er bekennt sich zu dieser Seite seines Wesens genauso, wie er sich auch zur anderen Seite seines Wesens bekannt hat. Das Erkennen der Schattenseiten ist die Voraussetzung für das Erfassen der Gnade und damit die Voraussetzung für die existentiell erfahrbare Erlösung.
Daß Christus die Erlösung am Kreuz vollbracht hat, wird für mich erst dann erfahrbare Realität, wenn ich Einsicht in meine Schattenwirklichkeit gewinne. Viele sogenannten Christen haben diese Einsicht nicht, und sie wollen sie auch nicht haben. Deshalb bleibt ihr Christsein eine so »verkopfte« Angelegenheit, die für das praktische Leben nicht viel bedeutet. Sie sagen zwar: »Gott sei mir Sünder gnädig!« – aber sie wissen nicht, was Sünde wirklich ist. Jesus aber ruft Sünder und er ruft Kranke. Der jüngere Sohn hat erfahren, was das heißt, ein Sünder und ein Kranker zu sein.

Leitbildspiegelung

Da ging er in sich und sagte sich: »Die Tagelöhner meines Vaters haben Brot in Fülle, ich aber komme um vor Hunger. Ich will mich aufmachen und zu meinem Vater gehen und zu ihm sagen: Vater, ich bin schuldig geworden vor Gott und vor dir; ich verdiene es nicht mehr, dein Sohn zu heißen. Mache mich zu einem deiner Tagelöhner« (Lk 15,17-19).

Wir haben diesen Abschnitt mit dem Ausdruck »Leitbildspiegelung« überschrieben. Was ist das? Leitbildspiegelung bedeu-

tet, daß wir in einem Menschen, der für uns in irgendeinem Bereich Vorbild ist, unsere eigenen Möglichkeiten erkennen. Wir erkennen in ihm uns selber – gewissermaßen wie in einem Spiegel.[32] Wenn z.B. ein harter und eckiger Mensch einem anderen Menschen begegnet, der warm und mütterlich ist, dann kann durch Leitbildspiegelung in ihm das Verlangen geweckt werden, auch so zu werden wie jener Mensch. Leitbildspiegelung weckt den Wunsch nach Entfaltung des eigenen Potentials an Wärme und Mütterlichkeit. (Diese Eigenschaften sind ja in jedem Menschen bis zu einem gewissen Grade potentiell vorhanden.) Wir sehen also in einem anderen Menschen, der eine Seite auslebt, die wir nicht leben, etwas, was in uns die Hoffnung erweckt, daß auch wir dieses Potential in uns aktivieren können. Die Leitbildspiegelung ist somit verbunden mit der Einsicht in den eigenen »Mangel« und in die »Fülle«, die wir beim anderen erkennen. In dieser Weise sind für den jüngeren Sohn die Tagelöhner ein »Leitbild«. Er erkennt den eigenen Mangel (»Ich aber komme um vor Hunger.«) und die »Fülle« der Tagelöhner (»Die Tagelöhner haben Brot in Fülle.«). Der jüngere Sohn ist sehr bescheiden geworden. Er hat keine hochfliegenden Pläne mehr, sondern sein Leitbild ist jetzt ein Tagelöhner. Das ist die Lebensmöglichkeit, die er jetzt für sich für realisierbar hält. Die Tagelöhner sind ein erreichbares Vorbild – ganz anders als der ideale Vater. Solange sich der Sohn mit dem Vater verglichen hat, wurde er verzagt, denn der Vater war für ihn unerreichbar. Im Vergleich mit den Tagelöhnern dagegen erkennt er: »Das traue ich mir zu, das ist ein Ziel, das ich verwirklichen kann. Das ist der nächste realisierbare Schritt.«
Solche Leitbilder, in denen wir uns spiegeln, sind außerordentlich wichtig für die Menschwerdung. Wir sehen im anderen Menschen das, was wir verwirklichen können, das, was wir uns zutrauen. Erst im anderen erkennen wir überhaupt unsere Möglichkeiten. Viele, die etwas erreicht haben im Leben, haben das Erreichte zuerst bei anderen Menschen vorbildhaft gesehen. Dadurch wurde in ihnen der Wunsch wach, auch so zu werden. So sind wir vielleicht begeistert von einem Menschen, der Gitarre spielt, und

wir denken: »Eigentlich könnte ich es auch einmal mit der Gitarre probieren!« Vielleicht entdecken wir dann ein Talent, von dem wir bisher nichts gewußt haben, und das wir deshalb auch noch nicht entfaltet haben. Es ist wichtig, daß wir bei solchen Vorbildern nicht zu hoch greifen, sonst werden wir verzagt. Aber wir dürfen auch nicht zu tief greifen, sonst bringt es keinen Fortschritt. Der andere muß wenigstens an einem Punkt über unserem jetzigen Stand stehen.

Der Tagelöhner ist mehr als ein Hungerleider – steht also jetzt über dem jüngeren Bruder, der Hunger hat. Es geht somit darum, daß der nächste Schritt nach oben führt und daß er verwirklicht werden kann. Der Sohn bleibt jedoch nicht bei der Leitbildspiegelung stehen, sondern er faßt einen Entschluß und setzt diesen auch in die Tat um.

Bevor wir zur vierten Station kommen, wollen wir Rückblick halten und fragen: »Was brachte der Aufbruch aus dem Vaterhaus?« Er führte heraus aus der kindlichen Geborgenheit und Unselbständigkeit. Er führte hin zur Erkenntnis des eigenen Wollens und zu einer weitgehenden Verwirklichung dessen, was er wollte. Dadurch gewann der jüngere Sohn gleichzeitig Einsicht in die eigenen Schattenseiten. Er sah die positiven und negativen Seiten seines Lebens. Die Leitbildspiegelung weckte in ihm außerdem die Sehnsucht, diese beiden Seiten so zusammenzubringen, daß daraus ein Ganzes entsteht. Damit beginnt eine gegenläufige Bewegung.

Die Erfahrung der Gnade

Und so machte er sich auf den Weg und ging zu seinem Vater. Als er noch weit entfernt war, sah ihn sein Vater und erbarmte sich über ihn. Er rannte ihm entgegen, fiel ihm um den Hals und küßte ihn. »Vater«, sagte der Sohn, »ich bin vor Gott und dir schuldig geworden. Ich verdiene es nicht mehr, dein Sohn zu heißen.« Aber der Vater rief seine Diener: »Schnell, holt das beste Kleid für ihn, steckt ihm einen Ring an seine Hand und bringt ihm Schuhe für seine Füße. Holt das Mastkalb und schlachtet es. Wir wollen ein Fest feiern und uns freuen! Denn dieser mein Sohn war tot, jetzt lebt er wieder. Er war verloren, jetzt ist er wiedergefunden.« Und sie begannen zu feiern (Lk 15,20-24).

Der Sohn macht sich mühsam auf den Weg. Was dann folgt, hat nichts mehr mit dem Tun des jüngeren Sohnes zu tun; es ist die Erfahrung der Gnade und damit des Heils. Der Vater rennt dem Sohn entgegen. Vom Sohn wird nicht mehr erwartet, als daß er sich auf den Weg macht. Wer den Aufbruch wagt, dem begegnet der Helfer.

Das wird auch in vielen Märchen deutlich. Wenn sich dort ein Mensch ernsthaft auf den Weg macht, um etwas Verlorenes oder sonst etwas Erstrebenswertes zu suchen, dann kommt ihm in der Regel ein Helfer entgegen und bringt die entscheidende Hilfe. (Wer dagegen nicht ernsthaft sucht, erkennt den Helfer nicht, oder er verachtet ihn.) Helfer kommen z.B. in der Gestalt eines Menschen oder eines hilfreichen Tieres, eines Zwerges oder eines Engels. Im Märchen »Das Mädchen ohne Hände« kommt der Engel sogar zweimal, er kommt sowohl beim ersten als auch beim zweiten Aufbruch. Beim zweiten Aufbruch führt der Engel das Mädchen in das Haus der Gnade.[33]

So erleben wir es auch in unserem Gleichnis. Als der Davongelaufene den zweiten Aufbruch wagt und sich aus seiner Heillosigkeit aufmacht, um das Heil und die Ganzheit zu erlangen, rennt ihm der Helfer entgegen. Das ist das Wunderbare und Verheißungsvolle, daß wir das Entscheidende nicht selber machen müssen, sondern daß die Hilfe von außen kommt. Was wir tun, ist, daß wir aufbrechen und uns auf den Weg machen. Was dann geschieht, ist Gnade. Das, was die Gnade schenkt, ist mehr als das, was der Aufbrechende erwartet. Der Vater gibt dem Heimkehrenden einen Kuß, das heißt, er nimmt ihn bedingungslos an. Außerdem schenkt er dem Heimkehrenden ein Gewand, Schuhe, einen Ring und schlachtet ihm das gemästete Kalb.

Das *Gewand* ist ein uraltes Symbol für eine neue Lebensmöglichkeit. Das beste Gewand ist Ausdruck für die beste Lebensmöglichkeit. Gewänder waren früher Statussymbol. Es durfte nicht jeder jedes Kleid anziehen, so wie das bei uns heute der Fall ist, sondern bestimmte Kleider durften nur von bestimmten Leuten getragen werden. (So durfte zum Beispiel Purpur nur vom Kaiser getragen werden.) Wenn also hier dem Zurückkehrenden das beste Gewand geschenkt wird, dann wird damit sein hoher Status zum Ausdruck gebracht. Was ihm geschenkt wird, ist viel mehr als das, was er einst selber erraffen wollte. Es ist auch mehr als das bescheidene Leitbild, das er sich zuletzt gewählt hatte.

Das zweite Geschenk sind *Schuhe*. Sie sind Symbol für die Freiheit. Die Sklaven liefen damals barfuß. Der freie Mann trug Schuhe. Der Zurückgekehrte ist frei, er steht weder im Schatten seines Vaters noch ist er ein Sklave, sondern er ist seinen eigenen Weg gegangen. Damit ist er ein selbständiger unverwechselbarer Mensch geworden.

Der *Ring* ist Symbol der Ganzheit. Er ist ohne Anfang und ohne Ende. Zur Ganzheit gehört auch die Familie, in die der Zurückgekehrte neu aufgenommen wird.[34] Zu dieser Familie gehört auch der selbstgerechte Bruder. Der Zurückkehrende kann jetzt sogar diesen selbstgerechten Bruder akzeptieren, weil er weiß, daß auch er einen selbstgerechten Schatten hat. Das ist der Unterschied zur Ausgangssituation. Der Zurückgekehrte braucht sich jetzt nicht mehr ängstlich abzugrenzen und zu meinen, er müsse auf seine Selbständigkeit gegenüber dem Vater und gegenüber dem älteren Bruder bedacht sein. Nein, er erkennt jetzt im Vater und im älteren Bruder und in allen anderen verschiedene Aspekte seines Lebens, innere Gestalten, die er angenommen hat. Er kann deshalb auch die äußeren Gestalten akzeptieren.

Und schließlich *das gemästete Kalb*. Es ist Symbol der festlichen Fülle. Es ist *das* Kalb – nicht *ein* Kalb. Im Orient wurde oft ein Kalb besonders gemästet, für den Fall, daß unverhofft ein Fest stattfindet. Das gibt es auch in anderen Kulturen. So gab es im alten Afrika die »Küchenziege«. Die hatte in der Küche ihren

Platz und bekam ständig Leckerbissen zu fressen. Die anderen Ziegen mußten sich draußen ihre Nahrung suchen und waren eher mager. Die Küchenziege dagegen wurde fett. Wenn dann eine Gelegenheit zum Feiern kam, dann wurde die Küchenziege geschlachtet. So wird in unserem Gleichnis *das* Kalb geschlachtet. Zu diesem Fest gehören auch Musik und Tanz.
Ein solches Festmahl ist Symbol der himmlischen Mahlzeit und damit Ausdruck des Heils und der Ganzheit.[35]

Selbsterfahrung und Gotteserfahrung

Wir haben den Weg des jüngeren Sohnes als eine innere Selbsterfahrungs-Reise betrachtet. Wir fragen jetzt: Welche Gotteserfahrung ist mit dieser Selbsterfahrung verbunden?
Im Gleichnis Jesu vom Vater und den beiden Söhnen begegnen uns zwei verschiedene Gottesbilder. Das eine ist ein theoretisches Gottesbild, das andere ist ein Gottesbild, das aus der Erfahrung gewonnen wurde. Es ist deshalb eigentlich kein Gottesbild, sondern eine Gotteserfahrung.

Das Gottesbild des älteren Sohnes

Das Gottesbild des älteren Sohnes ist ein theoretisches Gottesbild. Es zeichnet Gott als einen gesetzlichen Gott. Der ältere Sohn sagt zu seinem Vater: »All die Jahre habe ich wie ein Sklave für dich geschuftet und nie habe ich dein Gebot übertreten« (Lk 15,29). Er ist offensichtlich der Meinung, daß es darauf ankommt, sich zu plagen und kein Gebot zu übertreten. In diesem Gottesbild erscheint Gott als ein Aufpasser, der Listen führt über das Verhalten der Menschen und der darauf bedacht ist, daß wir Menschen uns ordentlich plagen und seine Gebote halten.
Der ältere Sohn sagt weiterhin: »Nie hast du mir einen Ziegenbock gegeben, damit ich mit meinen Freunden hätte feiern können« (Lk 15,29). Gott erscheint hier als ein Gott, der den Menschen keine Freude gönnt. Es ist ein etwas säuerlicher Gott. Nach diesem Gottesbild sind wir nicht auf der Erde, um glücklich zu sein, sondern um unsere Pflicht zu erfüllen.
Und schließlich sagt der ältere Sohn: »Dieser dein Sohn hat dein Geld mit Nutten durchgebracht« (Lk 15,30). So, wie der ältere

Sohn dies sagt, heißt das: Dafür, daß dein Söhnchen dein Geld und sein Leben vergeudet hat und gar noch mit Nutten, dafür müßtest du ihn eigentlich aus dem Hause jagen. Nach dem Gottesbild des älteren Sohnes hat ein solcher Mensch keinen Platz mehr im Hause Gottes.

Das theoretische Gottesbild des älteren Sohnes sieht also so aus:

1. Gott geht es darum, daß wir uns für ihn plagen und seine Gebote halten.
2. Gott ist nicht daran interessiert, daß wir glücklich sind.
3. Gott bestraft uns, wenn wir unser Leben vergeuden.

Ich sagte: Dieses Gottesbild ist ein theoretisches Gottesbild, und von einem solchen Gottesbild heißt es im 2. Gebot: »Du sollst dir kein Gottesbild machen« (2 Mose 20,4) Und warum nicht? Weil jedes Gottesbild, das wir uns machen, falsch ist. Denn so ist Gott *nicht,* sondern so sind wir. Jedes Bild, das wir uns von Gott machen, ist nämlich ein Spiegelbild von uns selbst oder besser von einer Seite in uns. Nicht einmal wir sind so unmenschlich, wie der Gott des älteren Sohnes, sondern wir haben auch barmherzige Seiten. Es ist deshalb eine Gotteslästerung, wenn wir Gott so einseitig und falsch darstellen.

Die Gotteserfahrung des jüngeren Sohnes

Neben dem theoretischen Gottesbild des älteren Sohnes steht die Gotteserfahrung des jüngeren Sohnes. Und wie hat der jüngere Sohn Gott erfahren? Er hat Gott erfahren, indem er sich selbst erfahren hat. Seine Gotteserfahrung ist gekoppelt an seine Selbsterfahrung. Es gibt keine Selbsterfahrung, in der nicht auch eine Möglichkeit zur Gotteserfahrung läge, und es gibt keine Gotteserfahrung, mit der nicht auch eine Selbsterfahrung verbunden wäre. Der jüngere Sohn erfährt sich selbst und Gott in drei Situationen: in der Situation des Aufbruchs, in der Situation des Elends und in der Situation der Einsicht.

Die Gotteserfahrung in der Situation des Aufbruchs

Der jüngere Sohn löst sich von seinem Vater, das heißt, von seinem bisherigen Gottesbild. Dieses Gottesbild war anders als das seines älteren Bruders, sonst hätte er kaum erwartet, daß ihn der Vater ziehen läßt und ihm dazu noch die nötigen Mittel gibt. Was für ein Gottesbild wir auch immer haben mögen: Wir müssen uns von ihm lösen, denn es geht darum, daß wir unsere eigenen Erfahrungen mit Gott machen.
Die Loslösung von einem Gottesbild ist ein wichtiger, aber auch ein schwieriger Schritt. Es geht nicht darum, ob wir ein positives oder ein negatives Gottesbild haben, sondern es geht darum, daß unser übernommenes Gottesbild von einer persönlichen Gotteserfahrung abgelöst wird. Die Loslösung von einem übernommenen Gottesbild ist zunächst eine Befreiung, denn jedes theoretische Gottesbild ist ein verfremdendes und damit falsches Gottesbild. Für uns alle ist deshalb der Aufbruch wichtig. Aber der Aufbruch bedeutet zunächst noch nicht, daß wir ein neues Gottesbild finden, sondern er ist der Beginn eines Suchens und Herumtastens. Für den jüngeren Sohn sieht das Suchen so aus: Er versucht es zunächst mit Geld, er versucht es mit dem Ausland, und er versucht es mit dem Sich-Ausleben, mit einem Leben in Saus und Braus. Diese Versuche werden für den jüngeren Sohn zu einer wichtigen Selbsterfahrung.
Und was ist dabei die *Gotteserfahrung?* Die Gotteserfahrung in der Situation des Aufbruchs besteht in der Feststellung: Gott läßt mich laufen. Gott legt mir keine Hindernisse in den Weg. Im Gegenteil, er gibt mir sogar die Mittel, so zu leben. Das ist eine erste, wichtige Gotteserfahrung: Gott läßt es zu, daß ich meinen eigenen Weg gehe.

Die Gotteserfahrung in der Situation des Elends

Die zweite Situation ist die Situation des Elends. Der jüngere Sohn macht eine zweite Selbsterfahrung, die darin besteht, daß er merkt: Das Ganze hat eine Kehrseite. Er merkt, *Geld* macht nicht glücklich. Das gilt zunächst äußerlich. Sein Geld geht zur Neige, und er wird abhängiger als zuvor. Er hängt sich an einen Bürger jenes fremden Landes. Das gilt jedoch auch innerlich; dort, wo Geld in den Vordergrund rückt, tritt Wesentlicheres in den Hintergrund.

Der jüngere Sohn merkt, daß auch das *Ausland* nicht glücklich macht. Unser Wort »Elend« kommt von »Ausland«. In der alten Welt hieß »ins Ausland« gehen häufig »ins Elend« gehen. So ließ sich zum Beispiel Sokrates lieber in Athen zum Tode verurteilen, als daß er ins Ausland geflohen wäre. Aber das Ausland hat auch eine innere Bedeutung: Wenn in Träumen oder Märchen von äußerer Entfernung die Rede ist, wenn also jemand fortgeht, dann ist damit in der Regel auch eine innere Distanz gemeint. In unserem Gleichnis bedeutet dies: Der jüngere Sohn hat keine innere Heimat mehr. Er hat keinen Boden mehr unter den Füßen, er weiß nicht mehr, wo er hingehört. Vom Vaterhaus ist er weggelaufen, aber zu den Schweinen gehört er auch nicht. Er ist ein Mensch ohne Heimat.

Und schließlich das *Sich-Ausleben.* Auch das macht letztlich nicht glücklich. Nachdem das Geld ausgegangen war, war auch das Leben »in Saus und Braus« zu Ende. Und jetzt hat er Hunger und ist einsam und von seinen Freunden verlassen. Das gilt auch für die Seele. In dem Maße, wie wir uns vollstopfen mit Äußerem, nicht nur mit Essen und Trinken, sondern mit all dem anderen Überflüssigen, bewirkt das eine Verkümmerung unserer Seele. (Rechtes Fasten dagegen kann eine umgekehrte Wirkung haben: In dem Maße, wie wir frei werden vom äußeren Aufnehmen, kann unsere Seele anfangen, aufzunehmen.) Der jüngere Sohn erfährt also den Mangel und das Darben als Kehrseite des üppigen Lebens.

In unserem Gleichnis wird ein solches gespaltenes Leben als ein heil-loses Leben bezeichnet. Das »Nicht-mehr-ganz-Sein«, das »Nicht-mehr-heil-Sein«, ist also die zweite Selbsterfahrung des jüngeren Sohnes. Er erfährt seine Schattenseite. Und was für eine *Gotteserfahrung* macht er dabei? Er erfährt: Gott schlägt nicht zu, aber er hilft auch nicht. Der jüngere Sohn erfährt sein Elend nicht als Strafe Gottes, sondern als Kehrseite und Folge seines selbstgewählten Weges. Es gibt Menschen, die dann anfangen zu jammern, wenn sie die Kehrseite erfahren und ins Elend kommen. Sie empören sich dann und sagen: »Wie kann Gott zulassen, daß es mir so schlecht geht!« Das tut der jüngere Sohn nicht, sondern er weiß, daß die Erfahrung der Schattenseite die Folge seines selbsterwählten Weges ist. Das ist eine wichtige Gotteserfahrung: Gott bewahrt uns nicht vor den Folgen eines selbsterwählten Weges, aber er macht uns auch keine Vorwürfe. Er läßt es zu, daß wir »negative« Erfahrungen machen.

Die Gotteserfahrung in der Situation der Einsicht

Damit kommen wir zur dritten Situation der Selbsterfahrung und der Gotteserfahrung. Es ist die Situation der Einsicht. Es heißt: »Da ging er in sich.« Die Einsicht beinhaltet dreierlei:
Der Sohn hat zunächst keine Illusionen mehr. Er hat *Einsicht in seine Schattenproblematik.* Er gesteht sich zu: »Ja, das ist meine Situation, ich sitze hier bei den Schweinen, ich habe das Ziel verfehlt, ich habe das nicht erreicht, was ich erreichen wollte.« (»Sündigen« heißt: das Ziel verfehlen.) Er merkt: Man kann in dieser Welt zwar tun, was man will, aber man muß dafür bezahlen. Das ist eine wichtige, aber auch eine schwierige Erkenntnis.
Zur Einsicht in die Schattenseite gehört jedoch ein Zweites, nämlich die *Suche nach einem Leitbild,* nach einem Ausweg aus der unbefriedigenden Situation. Wir sagten, daß dieses Leitbild für den jüngeren Sohn im Vergleich zu seinem großartigen Auszug sehr bescheiden ist. Das Leitbild ist für ihn ein »Tagelöhner«, er ist für ihn ein erreichbares Vorbild. Es ist der nächste realisierbare Schritt.
Nun folgt noch eine schwierige Schwelle: *Der zweite Aufbruch.* Der zweite Aufbruch ist schwieriger als der erste, denn beim zweiten gibt es keine Illusionen mehr. Einsicht in unsere Schattenproblematik und das Erkennen unseres Leitbildes sind noch keine Garantie dafür, daß wir auch den nächsten erkennbaren Schritt tatsächlich gehen. Es gibt Menschen, die bleiben bei der

Einsicht stehen. Sie sagen zwar ständig: »Das sollte ich tun und das könnte ich auch tun« – aber sie tun es nicht, sie rühren sich nicht vom Fleck. Es gibt also die Möglichkeit zu sagen: »Ich will mich aufmachen und zu meinem Vater gehen« und trotzdem sitzenzubleiben. So macht es der jüngere Sohn nicht, sondern er bricht auf und geht. Es ist ein Aufbruch ohne Illusionen.[36] Der Aufbrechende ist nicht überheblich (er sagt nicht: »Ich schaffe es schon allein!«), er hat auch keine Minderwertigkeitsgefühle (er sagt nicht: »Es hat ja doch alles keinen Wert, es geht ja doch alles schief!«), sondern er sieht die eigene Situation und geht auf ein Ziel zu, das ihm erreichbar scheint.

Wie sieht nun die *Gotteserfahrung* in der Situation der Einsicht aus. Wir lesen: »Der Vater rennt ihm entgegen, umarmt ihn, gibt ihm einen Kuß, schenkt ihm ein Gewand, Schuhe und einen Ring, und er schlachtet das gemästete Kalb. Es gibt Musik und Tanz.«

Die Gotteserfahrung in der Situation der Einsicht besteht darin, daß der jüngere Sohn dem schenkenden Gott begegnet. Gott schenkt das Leben und das Heil in seiner ganzen Fülle. Wer die Kehrseiten seines Lebens kennengelernt hat und sich aus der Einseitigkeit aufmacht, dem begegnet Gott, der ein erfülltes Leben schenkt.

Das also ist die dritte Gotteserfahrung: Gott akzeptiert mich bedingungslos. Er schenkt mir ein erfülltes Leben, wenn ich aus meiner Einseitigkeit aufbreche.

Die drei Gotteserfahrungen, die der jüngere Sohn macht, sehen so aus:

1. Gott gestattet mir, daß ich meinen eigenen Weg gehe.
2. Gott macht mir keine Vorwürfe, wenn ich einen verkehrten Weg gehe.
3. Gott gibt mir ein erfülltes Leben, wenn ich aus meiner Einseitigkeit aufbreche.

Diese Gotteserfahrungen sind etwas völlig anderes als das theoretische Gottesbild des älteren Sohnes. Der Zurückgekehrte ist Gott wirklich begegnet.

Es wäre jedoch verkehrt, wenn wir jetzt diese drei Gotteserfahrungen des jüngeren Sohnes als unser Gottesbild übernehmen würden. Das wäre wieder ein theoretisches Gottesbild. Es geht vielmehr darum, daß auch wir uns auf den Weg machen, um uns selber zu erfahren. Dabei werden wir auch Gott erfahren, und das wird dann *unsere* Gotteserfahrung sein.

Noch ein Wort zum älteren Sohn. Wir sahen, daß er äußerlich angepaßt, aber innerlich voller Opposition gegen den Vater ist. Das gilt auch von seinem Verhältnis zu Gott. Zu einem falschen Gottesbild kann man keine echte Beziehung haben. Der ältere Sohn hat jedoch nicht nur ein theoretisches Gottesbild, sondern er hat auch eine Seite in seinem Unbewußten, die gegen dieses Gottesbild rebelliert. Wenn wir also dem älteren Sohn gleichen, der zu Hause geblieben ist und noch einem falschen, theoretischen Gottesbild verhaftet sind, dann ist es für uns wichtig, daß wir nach der Rebellion unseres Unbewußten gegen dieses falsche Gottesbild fragen. Gewiß sind für den älteren Sohn, der äußerlich zu Hause geblieben ist, die Selbsterfahrung und die Gotteserfahrung schwieriger, als für denjenigen, der sich auch äußerlich von Gott lossagt. Aber auch der ältere Sohn ist innerlich ein zerrissener und gespaltener Mensch. Diese Gespaltenheit erkennen wir an den Vorwürfen, die er gegen den Vater erhebt und die seinem theoretischen Gottesbild entsprechen. (Wir erinnern uns an das Gottesbild des älteren Sohnes: Gott geht es darum, daß wir uns für ihn plagen und seine Gebote halten – Gott ist nicht daran interessiert, daß wir glücklich sind – Gott bestraft denjenigen, der sein Leben vergeudet.) Die Auflehnung gegen dieses theoretische Gottesbild bricht beim älteren Sohn in dem Augenblick aus ihm heraus, als der Vater sich anders verhält, als er sich nach dem theoretischen Vaterbild des älteren Sohns hätte verhalten müssen. Jetzt entdeckt der ältere Sohn, daß er sich umsonst geplagt hat. Das ist die tiefste Ursache für seinen Zorn – auch für den Zorn der damaligen und heutigen »Pharisäer«.

Aber, Gott sei Dank, bricht der Zorn aus ihm heraus! Dadurch wird der Gegenpol sichtbar – auch wenn der ältere Sohn ihn zunächst noch nicht akzeptieren kann.

Und so stehen diese beiden Söhne vor uns als zwei Möglichkeiten. Der Vater bittet beide zum Gastmahl. Er will, daß beide zur

Ganzheit und damit zum Heil finden. Ob der ältere Sohn auch noch zum Festmahl kommt? Die Antwort bleibt offen. Die Frage wird damit zu einer Frage an uns. In einer alten französischen Kathedrale gibt es ein Glasfenster mit den Szenen unseres Gleichnisses. Der Künstler hat dort ein Schlußbild hinzugefügt. Es zeigt, wie der ältere Bruder doch noch zum Festmahl kommt. Das ist eine Möglichkeit – eine schöne Möglichkeit. Ob sie die unsere ist?

Der Weg Jesu – Urbild unseres Weges

Einstimmung

Der russische Maler Andrej Rubljoff hat im 14. Jahrhundert ein Bild gemalt, das zu den bekanntesten und bedeutendsten Kunstwerken der Welt gehört. Auf diesem Bild stellt Rubljoff die Dreieinigkeit dar, also Vater, Sohn und Heiligen Geist, und zwar in Gestalt der drei Boten, die nach dem Bericht der Bibel den Abraham besucht haben. Die drei sitzen miteinander um einen Tisch. Das Bild erweckt von Symbolen unterstrichen – den Eindruck einer vollkommenen Harmonie dieser drei Gesprächspartner. Es strahlt einen großen inneren Frieden aus.
Nach der Auffassung der orthodoxen Kirche geht es bei dem Gespräch der drei um die Erlösung der Welt. Das Bild hält den Augenblick fest, in dem der Vater dem Sohn mitteilt, daß er Mensch werden solle, daß er sich hineinbegeben solle in unsere unerlöste Welt, um sie zurückzuführen zu Gott. Andrej Rubljoff hat es verstanden, zwei Gefühle im Gesicht des Sohnes als Reaktion auf diesen Sendungsauftrag zum Ausdruck zu bringen: einerseits eine große Traurigkeit darüber, daß er diese wunderbare, göttliche Gemeinschaft verlassen soll, um in unsere Welt hinabzusteigen und deren Abgründigkeit bis in die letzte Tiefe auszukosten, andererseits die Bereitschaft zum Gehorsam, weil er weiß, daß es keinen anderen Weg gibt, die Menschen zu erlösen, als ihnen Gott leibhaftig vor Augen zu stellen, und dadurch die Sehnsucht nach der himmlischen Heimat in ihnen zu wecken.
Andrej Rubljoff hat auf seinem Bild die Situation festgehalten, die im Christushymnus des Philipperbriefes mit den Worten beschrieben wird:

Er war in göttlicher Gestalt,
doch nicht bewegt ihn Raffgeist,
gleich zu sein wie Gott,
sondern er gab sich hin,
nahm an die Knechtsgestalt
und ward den Menschen gleich (Phil 2,6f.).

In diesen Versen wird ein deutliches Gegenbild zum ersten Menschen, dem »Adam« (»Adam« heißt »Mensch«), gezeichnet, der sein wollte wie Gott, der nach oben strebte, der aufsteigen wollte, um sich das Gott-Gleichsein zu erraffen. Hinter Adam steht der große Gegenspieler Christi, Luzifer, Urbild und Archetyp des eigenmächtigen Nach-oben-Strebens, ohne zuvor die Tiefe auszuloten. Jesus dagegen wird nicht von dem nach oben strebenden Raffgeist bewegt, sondern er steigt hinab. Er wird den Menschen gleich und wird auch in seinem äußeren Verhalten und in seiner Entwicklung wahrer Mensch, ein Mensch wie wir. Die Evangelien zeigen uns, wie Jesus diesen Erdenweg gegangen ist.
Wir wollen im folgenden einige Stationen dieses Weges aufzeigen. Es handelt sich dabei um Stationen, die nur bedingt chronologisch zu verstehen sind. Es sind eher Situationen oder Phasen, die zwar in einzelnen Lebensabschnitten besonders deutlich in Erscheinung treten, die sich jedoch mehr oder weniger durch das ganze Leben Jesu und auch durch unser Leben hindurchziehen.
In Jesus offenbart sich die Liebe Gottes zu den Menschen.[37] Es ist vor allem die Gestalt Jesu, die das Heimweh nach der Ewigkeit in uns weckt. Jesus ist unser wahres Selbst. Er ist das Urbild eines jeden Menschen. Er ist das uns eingeprägte Ebenbild Gottes.[38] Jesus malt uns unsere innere Gott-Ebenbildlichkeit äußerlich vor Augen und weckt dadurch die Sehnsucht nach unserem Göttlichen Ursprung. Der Weg Jesu ist der Weg, der zur Ganzheit und damit zur Gott-Ebenbildlichkeit führt. Der Weg Jesu ist deshalb Urbild unseres Weges. Die Stationen des Weges Jesu sind Stationen auf dem Heimweg zur Ewigkeit.

Symbole der Weihnachtsgeschichte

Als ich neun Jahre alt war, schenkte mir meine Patentante zum Weihnachtsfest ein dickes Buch; es enthielt lauter Rittergeschichten aus dem Mittelalter. Dieses Buch wurde damals zu meinem Lieblingsbuch. Ich habe es immer und immer wieder gelesen, es hat mitgeholfen, meine innere Welt zu prägen. Eine Sage hat mich besonders fasziniert: Es war die Sage von Parzival, der ohne sein Zutun zur Gralsburg gelangte und dort tiefe Mysterien schaute; doch dann wurde er wieder von der Gralsburg verbannt und irrte durch die Welt – voller Sehnsucht nach jenem wundersamen Schloß. Es war sein brennender Wunsch, dieses Schloß wiederzufinden und dorthin zurückzukehren. Ähnliches berichtet uns auch die Bibel. Sie malt uns gleich am Anfang das Paradies vor Augen – das Paradies, in dem der Mensch in ungetrübter Gemeinschaft mit Gott und seiner Schöpfung lebte. Aus diesem Paradies ist der Mensch dann wieder verbannt worden, und seither irrt er durch die Welt – voller Sehnsucht nach jener heilen Welt, nach jener *ganzen* Welt.

Wie in der Gralslegende, so findet auch in der Bibel die Sehnsucht ihre Erfüllung. Nach langer Suchwanderung gelangt der Mensch schließlich an das Ziel seiner Sehnsucht. Er ist jedoch nicht mehr derselbe, sondern er ist ein Gewandelter. Es ist ein gewandelter Parzival, der schließlich als Priester-König auf der Gralsburg herrscht; und es ist ein gewandelter Adam, der schließlich ins Reich Gottes eingeht – ein Mensch, der durch Leiden und Sterben ein anderer geworden ist; der nicht mehr sein will *wie* Gott, sondern der *mit* Gott sein will!

Erinnerung und Sehnsucht

Auf unserem Weg zum Ziel spielt die Sehnsucht nach dem Anfang eine wesentliche Rolle. Die am Anfang geschaute Ganzheit weckt und mobilisiert die Kräfte unserer Seele und ermöglicht es uns so, den schwierigen Weg unter die Füße zu nehmen und dadurch das Ziel nicht nur in der Ferne zu schauen, sondern schon auf dem Weg immer wieder abbildhaft zu erreichen und zu erfahren.
Weihnachten ist in unserem Kulturkreis das beliebteste Fest. Für viele Menschen sind die Erinnerungen an die Weihnachtsfeste ihrer Kindheit wie eine Erinnerung an das Paradies, an eine heile Welt. Mich dünkt, daß das Weihnachtsfest im Rahmen der christlichen Feste dieselbe Funktion hat, wie die Erzählung vom Paradies im Rahmen der biblischen Geschichte. Weihnachten bietet eine Vision der Ganzheit. Es hat die Funktion eines »Mandala«, d.h. eines ganzheitlichen Bildes, das in uns die Sehnsucht und die Bereitschaft wecken will, uns auf den Weg zu machen, um diese Ganzheit zu suchen und zu erfahren. Weihnachten gleicht einem Traum, in dem wir von der Geburt eines Kindes träumen. Ein solcher Traum sagt, daß etwas Neues in uns aufbrechen will. Er zeigt eine Möglichkeit. Ob diese Möglichkeit dann zur Wirklichkeit wird, hängt weitgehend davon ab, ob wir bereit sind, dieses Kind anzunehmen und unser Leben dadurch verwandeln zu lassen.

Gestalten der Weihnachtsgeschichte

In diesem Zusammenhang haben die Figuren einer Weihnachtskrippe oder eines Weihnachtsspiels eine wichtige Funktion. Sie sind eine äußere Darstellung von inneren Figuren.
Sie sind Ausdruck der Alltagswirklichkeit, in die hinein das Neue geboren wird. Da sind die armen Hirten und die himmlischen

Engel, da sind die von Sehnsucht getriebenen heidnischen Magier und die gleichgültigen Schriftgelehrten, da ist der mordende Herodes, da ist Josef und da ist Maria. In manchen Gegenden werden in der Weihnachtszeit große Krippen aufgestellt mit noch viel mehr Figuren, mit Engeln, Menschen und Tieren. Ich denke da besonders an die »Santons« in Südfrankreich. Die »Santons« vergegenwärtigen die gesamte Alltagswirklichkeit. Da gibt es Metzger und Bäcker, Knechte und Mägde, Bäuerinnen und Bauern, Soldaten und Handwerker, Ärzte, Schornsteinfeger, Nonnen, Priester, Zigeuner, Gaukler und Diebe und alle möglichen Tiere; alles, was da kreucht und fleucht, wird in diesen großen Krippen aufgestellt. Das ist die Welt, in der wir leben, und das ist auch unsere innere Welt.

Die ordnende Mitte

In diese Welt hinein wird das göttliche Kind geboren und gibt dem ungeordneten Haufen der vielen verschiedenen und zum Teil recht gegensätzlichen Figuren eine ordnende Mitte. Alle diese seltsamen Gestalten werden dadurch zu »Santons«, d.h. zu kleinen Heiligen. Dort, wo das Neue in unserem Leben zum Durchbruch kommt, wo das göttliche Kind in unserem Inneren zum Leben erwacht, erhält alles andere seinen Sinn und seine ordnende Mitte.

Das ist die großartige, ganzheitliche Schau des Weihnachtsfestes: Das göttliche Kind ist die ordnende Mitte. Es macht aus dem Vielerlei ein Ganzes. Weihnachten ist somit eine Vorschau auf die in jedem Leben zu verwirklichende Ganzheit. Und wie können wir uns in diese Ganzheit einüben? Wie kann diese Vorschau zu einem dynamischen inneren Bild werden, das uns aufruft und motiviert, einen Weg zu gehen?

Es geht darum, daß wir es lernen, uns mit den verschiedenen Gestalten der Weihnachtsgeschichte zu identifizieren, d.h. innerlich zu erfahren, daß wir nicht nur die fromme Maria sind, sondern auch der mordende Herodes, daß wir nicht nur die suchenden Magier sind, sondern auch die gleichgültigen Schriftgelehrten,

die zwar wissen, wo der Messias geboren wird, aber daraus keine Konsequenzen für ihr Leben ziehen.
Es geht darum, daß wir diese inneren Figuren immer wieder anschauen und meditieren, damit das Geschehen der Weihnacht allmählich zu unserem inneren Geschehen wird. Wie eine solche Meditation aussehen könnte, möchte ich an drei Gestalten der Weihnachtsgeschichte verdeutlichen: am göttlichen Kind, an Maria und an Josef.

Das göttliche Kind

Das göttliche Kind steht für das neue Leben, das in uns geboren wird. Es ist das eigentliche Leben, nach dem wir uns im Grunde unseres Herzens alle sehnen. Das Kind ist Symbol für die Tatsache, daß wir das Leben noch einmal ganz von vorne beginnen können. Wenn wir das Kind meditieren, dann stellen wir uns vor, daß jetzt all das leben darf, was wir bisher unterdrückt haben. Alle vergangene Schuld ist jetzt ausgelöscht, aber aus den Fehlern, die wir gemacht haben, können wir lernen, es anders zu machen. Wir können noch einmal die Träume von Liebe und Glück träumen. Die Macht der Gewohnheit ist aufgehoben, und wir können noch einmal ganz von vorne beginnen. Der heutige Tag ist der erste Tag der Wegstrecke, die noch vor uns liegt. Eine solche Meditation ist keine Illusion, sondern sie ist eine Kraftquelle für einen tatsächlichen Neubeginn.
In jedem Menschenherzen – zu allerinnerst – wartet ein solches Kind darauf, daß es endlich leben darf, daß es endlich von uns angenommen wird. Wenn wir es wagen, vielleicht gegen alle Vernunft, und gegen unsere bisherige Gewohnheit, unsere Träume zu leben, dann werden wir entdecken, daß dieses göttliche Kind nicht ein Luftgespinst ist, sondern ein *Immanuel,* d.h. ein Gott mit uns.[39]

Maria

Maria steht für die Seite in uns, die sich diesem göttlichen Kind öffnet. Sie lauscht auf die göttliche Stimme, um den Plan für ihr Leben zu erkennen. Und sobald sie ihn erkannt hat, sagt sie *ja* zu diesem Plan[40] – auch wenn kein Mensch sie versteht und wenn sie es riskiert, von der Umwelt verkannt, verspottet und verachtet zu werden.

Maria steht für die Seite in uns, die weiß, daß es in diesem Leben nichts Wichtigeres gibt, als der inneren Bestimmung zu folgen. Sie sagt *ja* zum göttlichen Kind und damit zu dem Weg, der ihr von Gott vorgezeichnet ist.

Josef

Josef steht für die Seite in uns, die zwar das neue Leben bemerkt, aber zunächst nicht versteht und deshalb auch nicht bejaht und keine Verantwortung dafür übernehmen will.[41] Josef ist jedoch bereit, sich durch Träume korrigieren zu lassen und sich dann schützend und bewahrend vor Maria und das werdende Kind zu stellen.[42] Solche schützenden und bewahrenden Kräfte in unserer Seele sind wichtig, denn das göttliche Leben, das in uns geboren wird, ist von mancherlei Gefahren bedroht. Es ist bedroht vom Gerede der Nichtglaubenden (auch von der nichtglaubenden Seite in uns!), das uns ausreden will, daß der Weg, den wir gehen, Gottes Weg sei und das uns einreden will, daß man nicht aus der Reihe tanzen dürfe, sondern sich so verhalten müsse, wie sich alle verhalten. Das göttliche Kind ist außerdem bedroht vom Schwert des Herodes – auch des Herodes in uns –, der das neue Leben wieder auslöschen möchte.

Dagegen gilt es, das neue Leben zu schützen, indem wir uns – wie Josef – klar und eindeutig zu diesem neuen Leben bekennen und es als zu uns gehörig erklären. Es geht jedoch auch darum, daß wir uns nicht unnötig in Gefahr begeben, sondern die Gemeinschaft der Menschen meiden, die sich feindselig gegen den uns vorgezeichneten Weg und gegen das göttliche Leben in uns stellen und uns davon abbringen wollen.[43]

Soviel zu den drei Gestalten, die wir als Einübung in das Weihnachtsfest meditieren können. Ähnlich können wir es mit den anderen Gestalten der Weihnachtsgeschichte machen.

Adventszeit

Um uns in diese innere Welt, in die Welt unserer Psyche und ihre vielerlei Gestalten einfühlen zu können, ist die Adventszeit eine große Hilfe. Die Adventszeit ist eine Fastenzeit. Adventsfeiern sollten deshalb keine vorweggenommenen Weihnachtsfeiern sein, sondern Stunden der Besinnung und der inneren Zubereitung. Es geht dabei darum, daß wir auch die Schattenbereiche und das Dunkel in uns erkennen, z.B. unsere depressive Seite. Nur so können wir die Ganzheitsverheißung der Adventszeit fassen: »Das Volk, das im *Finstern* wandelt, siehet ein großes Licht, und über denen, die da wohnen im *finsteren* Lande, scheinet es hell« (Jes 9,1).
Es geht weiterhin darum, daß wir auch die aggressive Seite in uns entdecken, d.h. die Raubtier- und Schlangen-Seite, denn nur so können wir die Ganzheitsverheißung der Adventszeit fassen, daß »der *Wolf* beim Lamm« liegt und »der Säugling am Loch der *Otter«* spielt (Jes 11,6 u. 8). Und es geht darum, daß wir unseren Hochmut und unsere krummen Touren kennenlernen, denn nur so können wir mit einstimmen in den Adventsruf: »Macht niedrig, was *hoch* steht, was *krumm* ist, macht gerad.«[44] Und es geht schließlich darum, daß wir zu unserer primitiven Seite und zum Mist und zum Unrat in uns stehen, denn das göttliche Kind wird in einem Stall geboren und nicht in einem Palast.
Es gilt jedoch auch das andere, daß wir nämlich in der Adventszeit unsere Sehnsüchte und geheimen Wünsche kennenlernen, und zwar auch die ganz primitiven und irdischen Wünsche. Denn in jedem Wunsch, und sei er noch so »irdisch«, steckt letztlich die Sehnsucht nach Gott und seinem Paradies.

Einübung ins Kindsein

Sich in das Weihnachtsfest einüben heißt, sich in das Kindsein einüben. Es ist deshalb gar nicht so verkehrt, wenn wir uns an Weihnachten in die Kindheit zurückversetzen, wenn wir uns durch Kerzen und weihnachtliche Atmosphäre, durch Geschenke und Spiele daran erinnern lassen, wie das war, als wir noch Kinder waren, als wir noch staunen konnten, als wir uns noch so richtig von Herzen freuen konnten, als wir ungeduldig warteten, bis das Weihnachtsglöcklein ertönte; wie es war, als wir noch spontan und echt und lebendig waren. Es wäre wunderschön, wenn es uns gelänge, diese Eigenschaften wieder in uns wachzurufen, und sei es nur als eine ferne Ahnung an ein zwar verlorenes, aber doch immer wieder neu verheißenes Paradies. Vielleicht können wir dann neu mit Matthias Claudius sprechen:

Ich danke Gott und freue mich
wie's Kind zur Weihnachtsgabe,
daß ich bin und daß ich dich
schön menschlich Antlitz habe.
Daß ich die Sonne, Berg und Meer
und Laub und Gras kann sehen
und abends unterm Sternenheer und
lieben Monde gehen.
Und daß mir dann zumute ist,
als wenn wir Kinder kamen
und sahen, was der heil'ge Christ
bescheret hatte. Amen.[45]

Die Geschenke der Heiden

Im Neuen Testament begegnen uns zwei verschiedene Weihnachtsgeschichten. Die eine steht im Lukasevangelium[46] und erzählt, wie jüdische Hirten das Jesuskind finden und anbeten. Die andere steht im Matthäusevangelium[47] und berichtet von der Anbetung der Weisen aus dem Morgenlande.
Diese beiden Erzählungen gehören zusammen: Juden und Heiden finden Jesus – jeder auf seine Art.
Wir wollen jetzt die Erzählung von den Weisen aus dem Morgenlande ein wenig näher betrachten.

Gott offenbart sich auch den Heiden

Als Jesus in Bethlehem in Judäa geboren war, zur Zeit des Königs Herodes, siehe, da kamen Weise aus dem Morgenland nach Jerusalem, die sagten: Wo ist der neugeborene König der Juden? Wir haben seinen Stern im Osten gesehen und sind gekommen, ihm zu huldigen (Mt 2,1-2).

Daß Gott sich auf mancherlei Weise dem Volke Israel geoffenbart hat, das wird in der Heiligen Schrift an vielen Stellen berichtet. Wir finden jedoch in der Bibel gelegentlich Hinweise, die erkennen lassen, daß Gott sich auch den Heiden offenbart. So hat Gott z.B. schon vor der Entstehung des Volkes Israel zu Henoch, Noah und Abram geredet und später zu Nicht-Israeliten wie Melchisedek, Bileam und Kyros. Zu diesen Menschen gehören auch die Weisen aus dem Morgenlande. Wer waren diese Weisen? Es waren Astrologen aus dem Osten. Vermutlich kamen sie aus Babylon, wo die Kunst der Sterndeutung in hoher Blüte stand. Astronomie und Astrologie waren damals noch eng miteinander verbunden. Man hat den Lauf der Sterne nicht nur errechnet, sondern auch gedeutet. Diese babylonischen Astrologen entdekken eines Tages eine aufregende Stern-Konjunktion. Die Planeten Jupiter und Saturn waren im Sternbild der Fische so nahe zueinander gerückt, daß die beiden fast wie ein einziger großer Stern aussahen. Diese Konjunktion, die kurz vor Beginn unserer Zeitrechnung am Sternhimmel zu sehen war und auch von der heutigen Astronomie zweifelsfrei bestätigt wird, war für die Weisen aus dem Morgenland jedoch nicht nur irgendeine berechenbare Stern-Konjunktion, sondern sie maßen diesem Ereignis höchste Bedeutung bei. Der Planet Jupiter galt damals als Symbol des Weltherrschers. Der Saturn war der Stern des jüdischen Volkes[48], und das Sternbild der Fische – das letzte im Tierkreis – galt als Zeichen der Endzeit. Die babylonischen Astrologen deuteten deshalb die Konjunktion von Jupiter und Saturn im Sternbild der Fische folgendermaßen: »Im Volk der Juden wird der Weltherrscher der Endzeit geboren.« Diesen Herrscher der Endzeit, den die Juden »Messias« nannten, erwarteten viele Menschen der damaligen Welt als den Erlöser von allem Leid, als den Heiland, der eine neue heile Welt heraufführen wird. Und so machten sich unsere Astrologen aus Babylon auf den Weg, um dem neugeborenen König zu huldigen.

So wie die Weisen aus dem Morgenland, so haben sich zu allen Zeiten und in allen Religionen Menschen auf den Weg gemacht, um das Heil zu suchen. Ich bin mehrfach solchen Vertretern anderer Religionen begegnet und war tief beeindruckt von der Ernsthaftigkeit, mit der sie das Heil suchten. So wie den Weisen aus dem Morgenland, so offenbart sich Gott auch heute noch Menschen aus anderen Religionen in einer Art und Weise, die ihnen entspricht. Aber nicht nur in Menschen anderer Völker und Kulturen, sondern auch in uns selber, lebt die Sehnsucht nach dem Heil und nach der Ganzheit. Und auch uns offenbart sich Gott, wie es uns entspricht.

In der Geschichte von den Weisen aus dem Morgenland wird dann weiterberichtet, wie die Astrologen nach einem kleinen Umweg zum Jesuskind kommen und es anbeten.

Der Stern führte die Heiden zu Jesus

Und siehe, der Stern, den sie im Osten gesehen hatten, ging vor ihnen her bis er über der Stelle stand, wo das Kind war. Als sie den Stern sahen, wurden sie von Freude geradezu überwältigt. Sie gingen in das Haus hinein, fanden das Kind mit seiner Mutter Maria, warfen sich vor ihm nieder und huldigten ihm (Mt 2,9-11).

Jesus ist die ordnende Mitte. An der Krippe des Erlösers begegnen sich Menschen der verschiedenen Religionen, Kulturen und Rassen. Indem diese Menschen zu Jesus finden, finden sie zu sich selber und zueinander. Wieso zu Jesus? Geht es hier nicht doch wieder um den Absolutheitsanspruch des Christentums? Wird hier nicht doch wieder der ausschließliche Charakter des Christentums erkennbar? Gerade nicht! Jesus Christus ist nie ausschließend, sondern immer einschließend. Im Epheserbrief lesen wir, daß in Christus alles zusammengefaßt ist – alles was im Himmel und auf Erden ist. Das heißt, daß Christus die ordnende Mitte der ganzen Schöpfung ist.

Überall in der Welt ist Gutes und Böses, Wahres und Falsches, Echtes und Unechtes gemischt. Wie können wir das eine vom andern unterscheiden? Wir können es nicht, denn jeder hat sein eigenes Wertsystem, seinen eigenen Maßstab. Für den einen ist das gut, was Geld bringt, für den andern das, was der eigenen Ideologie zum Sieg verhilft, und für den Dritten wieder etwas anderes.

Aber nicht nur in anderen Menschen und Völkern, sondern auch in uns selber ist Dunkles und Helles gemischt. Auch wir brauchen deshalb eine ordnende Mitte, die das, was in uns zerrissen ist und widereinander streitet, zusammenbringt und ein dynamisches

Ganzes daraus macht. Und was ist das für eine Kraft, die das bewirken kann? Es ist der Weltherrscher, der als Kind geboren wird. In Jesus Christus ist das Auseinanderstrebende zusammengefaßt. In ihm ist alles zusammengefaßt, was im Himmel und auf Erden ist. Es gibt viele Wege zu Gott, aber alle Wege führen, wenn sie konsequent gegangen werden, zu Christus, denn der kosmische Christus, der sich als Kind in die Welt hinein gibt und am Kreuz auf Golgatha die tiefste Tiefe des Menschseins durchleidet, ist niemals ausschließend, sondern er ist der alles Einschließende und Umfassende. Deshalb ist in Christus das »Heil« (d.h. Ganzheit), und deshalb ist in ihm die Erlösung von aller Einseitigkeit. Indem wir zu diesem alles umfassenden kosmischen Christus finden, begegnen wir dem Gott, dessen Wesen Liebe ist.
So wie die Weisen aus dem Morgenlande von einer ganz großen Freude überwältigt wurden, als sie ihr Stern zum göttlichen Kind und damit zum Zentrum der Liebe führte, so kann es auch unserer Seele ergehen, wenn sie ihrem Leitstern folgt und dann erfährt, daß er sie zu der alles in Liebe vereinenden Mitte des Weltalls führt, die auch die Mitte unserer eigenen Seele ist.

Die Heiden bringen dem Christuskind ihre Gaben

Die Weisen öffneten ihre Schatztruhen und brachten dem Kind ihre Gaben: Gold, Weihrauch, Myrrhe (Mt 2,11).

Das Neue Testament und die Geschichte der Christenheit lassen erkennen, welch große Gaben das Judentum den Christen geschenkt hat: Die Erzählungen des Alten Testaments über wunderbare Erfahrungen der göttlichen Führung, das Buch der Psalmen mit seinen herrlichen Liedern und Gebeten, die jüdischen Feste, die zur Grundlage unseres Kirchenjahres wurden und vieles andere mehr.

Aber nicht nur die Juden haben das Christentum beschenkt, sondern auch die Heiden. Neben dem hebräischen Alten Testament steht das griechische Neue Testament, in dessen Sprache die Vorstellungen und Gedanken der großartigen hellenistischen Welt enthalten sind. Die Symbolsprache der orientalischen Mysterienkulte hat unser Verständnis von Taufe und Abendmahl bereichert und vertieft. Gebete und Ausdrucksformen der hellenistischen Volksfrömmigkeit wurden in unser christliches Glaubensleben mit aufgenommen. Mit ihrem Gold, mit ihrem Weihrauch und ihrer Myrrhe haben Vertreter anderer Kulturen immer wieder das Christentum bereichert und ihm eine neue Tiefe geschenkt. Daß nichtchristliche Völker und Kulturen dem Christentum kostbare Gaben zu geben haben, geht heute wie eine große Erkenntnis durch die ganze Welt. Während man früher Menschen der sogenannten dritten Welt nicht nur missionierte, sondern auch europäisierte oder amerikanisierte und dadurch einen erschrekkenden Verarmungsprozeß einleitete, ist heute, Gott sei Dank, eine gegenläufige Bewegung in Gang gekommen. Christen erkennen erstaunt die kostbaren Gaben, die indianische, afrikanische und asiatische Menschen zu bieten haben.
Aber nicht nur andere Völker und Kulturen haben ihre Schätze einzubringen, sondern auch wir selber. Auch in der Tiefe unserer Seele sind noch viele ungehobene Schätze aus dem keltischen, fränkischen, alemannischen oder sonstigen Boden, dem wir entstammen. Viele dieser Schätze, die bisher von einem falschverstandenen Christentum verachtet worden sind, werden heute gehoben und in ein größeres Christentum eingebracht.
Und so steht jene alte Erzählung von den Weisen aus dem Morgenlande vor uns und sagt uns unüberhörbar, daß Gott mit allen Menschen seinen Weg geht und daß alle Wege zu Christus führen und daß die Bewegung, die von Christus ausgeht, durch alle, die zu ihm finden, erweitert, bereichert und vertieft wird.
Keiner weltlichen und keiner religiösen Macht, keinem Herodes und keinem Schriftgelehrten kann es gelingen, diese Bewegung aufzuhalten.

Jesus und seine Eltern

Es gibt nur eine einzige Geschichte im Neuen Testament, die uns Einblick gewährt in die Jugendzeit Jesu. Das ist die Geschichte vom zwölfjährigen Jesus.
Es wird berichtet, daß die Eltern Jesu – wie alljährlich – zum Passahfest nach Jerusalem reisen und den zwölfjährigen Jesus mitnehmen. Als Maria und Josef nach den Festtagen wieder nach Nazareth zurückkehren wollen, vermissen sie Jesus. Nach längerem Suchen finden sie ihn schließlich in einer der Tempelhallen im Gespräch mit Schriftgelehrten. Vorwurfsvoll sagt seine Mutter zu ihm: »Kind, warum hast du uns das angetan? Siehe, dein Vater und ich suchen dich mit Schmerzen!« (Lk 2,48).
Jesus antwortet darauf: »Warum sucht ihr mich? Wisset ihr nicht, daß es für mich eine innere Notwendigkeit ist, dort zu sein, wo mein Vater ist?« (Lk 2,49)
Die Eltern Jesu verstehen diese Antwort nicht, aber Maria bewegt sie in ihrem Herzen.
Es heißt dann weiter, daß Jesus mit seinen Eltern nach Nazareth zurückkehrte und ihnen untertan war.

Ablösung eines Kindes von seinen Eltern

Die Geschichte vom zwölfjährigen Jesus hält eine Situation im Leben eines Heranwachsenden fest, die in unserem Kulturkreis in der Regel erst etwas später eintritt, nämlich die Ablösung eines Kindes von seinen Eltern. Für jeden Menschen ist es von entscheidender Bedeutung, daß eine solche Ablösung gelingt.

Wenn sie *nicht* gelingt, dann kann das im späteren Leben zu mancherlei Problemen führen. Solche Menschen haben dann oft eine Vater- oder Mutterbindung, die den Entwicklungsprozeß hemmt und das Erwachsenwerden erschwert, besonders die Aufnahme von Beziehungen zum anderen Geschlecht.
Was kann uns die Geschichte vom zwölfjährigen Jesus zu dieser Problematik sagen?

Das Kind freigeben

Wir wollen die Frage der Ablösung eines Kindes zunächst aus der Sicht der Eltern betrachten. Im Normalfall wächst ein Kind in der Geborgenheit des Elternhauses auf. Beim Eintritt in die Pubertät beginnt für das Kind ein Konflikt. Es merkt, daß es seinen eigenen Weg gehen muß – obwohl es äußerlich noch von seinen Eltern abhängig ist. Aber auch für viele Eltern ist dies eine schwierige Situation. Sie merken, daß sie ihr Kind nicht für sich behalten dürfen, sondern daß sie es freigeben müssen. Sie merken, daß ihr Kind eigene Wege geht – äußerlich und innerlich. Die Eltern beginnen ihr Kind zu suchen, und sie finden es nicht mehr. Wie in der Geschichte vom zwölfjährigen Jesus, suchen sie ihr Kind zunächst bei Verwandten und Bekannten, d.h. in den Bereichen, die ihnen vertraut sind – aber dort ist es nicht, sondern ganz woanders.
Es ist die große Versuchung für Eltern, daß sie wollen, daß ihr Kind bei ihnen bleibt, daß es so sein und sich so entwickeln soll, wie sie sich das vorstellen. Es soll wenigstens innerlich im Elternhaus bleiben und dessen Wertvorstellungen übernehmen und weitertradieren. Demgegenüber sagt Jesus als erwachsener Mensch:

Wer zu mir kommt und nicht … seine Kinder … haßt, der kann nicht mein Jünger sein (Lk 14,26).

Ein schockierendes Wort, das unmißverständlich zum Ausdruck bringt, daß es nicht darum geht, daß Eltern ihren Kindern großzügig gestatten, daß sie bis zu einem gewissen Grade ihre eigenen Wege gehen und gelegentlich auch einmal etwas tun, was die Eltern nicht wissen, sondern es geht darum, daß Eltern erkennen, daß ihr Kind seinen eigenen Weg geht, weil es ihn gehen muß, und daß Eltern ihm dabei helfen, indem sie die Bande zum Elternhaus nicht nur lockern, sondern bereit sind, sie zu lösen. Das ist gemeint, wenn Jesus sagt, daß Eltern ihre Kinder »hassen« sollen.

In den Pubertätsriten der Naturvölker wird eine solche Ablösung manchmal dadurch zum Ausdruck gebracht, daß Eltern ihr heranwachsendes Kind symbolisch dem Tod übergeben, indem sie es z.B. aus dem Elternhaus ausstoßen und in die Wildnis treiben. So ist das auch bei manchen Tieren, z.B. bei den Vögeln, die ihre Jungen aus dem Nest werfen, damit sie selbständig fliegen lernen.

Wir »zivilisierten Mitteleuropäer« sind natürlich weit davon entfernt von solchen barbarischen Sitten! Und deshalb hat es ein Kind bei uns auch entsprechend schwer, sich von seinen Eltern zu lösen. Wie kann man sich auch von Eltern lösen, die alles verstehen und alles verzeihen und eine dauernde Nestwärme bieten!

Kinder müssen sich aber von ihren Eltern lösen, um eigenständige Menschen zu werden. Das ist für Eltern nicht leicht. Manche Eltern können deshalb Maria und Josef gut verstehen, die meinen, sie hätten ihr Kind verloren und die nicht verstehen, wenn das Kind sagt, daß es jetzt nicht mehr in erster Linie ins Elternhaus gehört, sondern anderswohin. Die Freigabe eines Kindes ist für Eltern eine schwierige Sache. Ich denke, daß sie letztlich überhaupt nur möglich ist, wenn Eltern wissen, daß sie ihr Kind nicht ins Leere hinein freigeben, sondern in die Hände des himmlischen Vaters, der besser weiß als sie, was für ihr Kind gut ist und was nicht.

Den eigenen Weg gehen

Und wie sieht nun eine solche Ablösung aus der Sicht des Kindes aus? Auch hier gilt zunächst dasselbe Jesuswort:

Wer zu mir kommt und nicht haßt seinen Vater und seine Mutter … der kann nicht mein Jünger sein (Lk 14,26).

Auch beim Kind geht es nicht um ein bißchen Loslösung und um ein bißchen eigene Wege gehen, sondern um eine radikale Ablösung vom Elternhaus.

Eine solche Ablösung würde ein junger Mensch von sich aus nie suchen, dazu ist sie viel zu schwierig. Ein heranwachsender Mensch folgt jedoch einem inneren Muß, einer inneren Notwendigkeit. Im griechischen Urtext wird in unserer Geschichte ein ganz starkes Wort gebraucht, das eine unausweichliche Notwendigkeit kennzeichnet. Jesus sagt: »Wisset ihr nicht, daß es für mich eine innere Notwendigkeit ist, dort zu sein, wo mein Vater ist?« (Lk 2,49).

Stärker als mit seinen irdischen Eltern, war Jesus mit seinem himmlischen Vater verbunden. Der Wille Gottes war für ihn zutiefst das, was auch er wollte, und was er von innen heraus tun mußte.

Für ein Kind ist die Ablösung vom Elternhaus kein leichter Weg. Jesus sagt deshalb unmittelbar im Anschluß an das Wort vom »Hassen« der Eltern: »Wer nicht sein Kreuz auf sich nimmt und mir nachfolgt, der kann nicht mein Jünger sein« (Lk 14,27). Zu diesem Kreuz gehört, daß ein heranwachsender Mensch seinen eigenen Weg geht, auch wenn er dadurch anderen Menschen, insbesondere seinen Eltern, Kummer und Schmerzen bereitet und sie vor den Kopf stößt.

Ein junger Mensch muß lernen, seiner inneren Stimme zu folgen, auch wenn er dadurch in Einsamkeit gerät und das Gefühl hat, daß niemand ihn versteht.

Eine echte Loslösung eines heranwachsenden Menschen von seinen Eltern ist jedoch nur möglich, wenn er ein lohnendes Ziel vor Augen hat. Dieses Ziel ist letztlich Gott. Junge Menschen erkennen das in der Regel nicht so deutlich wie der zwölfjährige Jesus, sondern sie werden zunächst alles mögliche suchen und ausprobieren, ohne zu wissen, daß dieses Suchen letztlich ein Suchen nach Gott ist. Aber auch von diesem Suchen gilt: »Wer sucht, der findet« (Lk 11,10).

Wenn der zwölfjährige Jesus sagt, daß es für ihn eine innere Notwendigkeit ist, bei seinem himmlischen Vater zu sein, dann blitzt in dieser Antwort eine Haltung auf, die später seinen ganzen Lebensweg prägt, nämlich der Vorrang der Gemeinschaft mit Gott vor allem anderen.

Neue Begegnung zwischen Eltern und Kind

Und was wird aus den leiblichen Eltern? In dem Maße, wie es Eltern gelingt, ihr Kind loszulassen, in dem Maße werden sie es wiederfinden. Jesus hat es einmal so gesagt: »Wer seine Seele festhalten will, der wird sie verlieren und wer sie verliert um meinetwillen, der wird sie finden« (Mt 16,25).

Was von unserer Seele gilt, gilt auch von unseren Kindern. Entsprechend gilt für den heranwachsenden jungen Menschen: In dem Maß, wie es ihm gelingt, sich von seinen Eltern zu lösen, in dem Maße wird er zurückfinden ins Elternhaus. Und so heißt es auch in unserer Geschichte, daß Jesus mit seinen Eltern zurückging nach Nazareth. Aber er ging zurück als ein anderer. Der Gehorsam seinen Eltern gegenüber war jetzt ein relativer Gehorsam, denn der eigentliche Gehorsam galt seiner inneren Stimme, dem wahren Selbst, dem Vater im Himmel.

Jesus – Urbild des Menschen

Jesus war wahrer Mensch. So sagt es das Neue Testament und so bekennt es die christliche Gemeinde. Als wahrer Mensch wußte Jesus auch um die Versuchungen des menschlichen Lebens. Und so heißt es von ihm:

»Er war versucht wie wir« (Hebr 4,15).

Worum geht es bei der »Versuchung«? Es gibt zwei Arten von Versuchung: Das eine ist die Versuchung zur Anpassung, das andere ist die Versuchung zur Einseitigkeit. Es gibt nur diese beiden Versuchungen, ich kenne keine anderen.
Die Versuchung zur Anpassung ist die Versuchung, mit den Wölfen zu heulen, das zu tun, was alle tun, nicht auf die innere Stimme zu lauschen, nicht den eigenen Weg zu gehen, sondern das zu tun, was die anderen von uns wollen, den Weg zu gehen, den die andern gehen. Daß diese Versuchung immer wieder auf Jesus zukam, das machen z.B. seine unerhört scharfen Auseinandersetzungen mit den Pharisäern deutlich.[49] Wir wissen ja: Wenn wir uns emotional über andere Menschen aufregen, dann hat das auch etwas mit uns zu tun. Die Frömmigkeit der Pharisäer war für Jesus eine große Versuchung, denn er stand ihr sehr nahe. Jesus hatte – wie die Pharisäer – eine große Liebe zur Bibel und zu den Weisungen Gottes. Die abgesicherte Frömmigkeit der Pharisäer mit ihren klaren Glaubenssätzen und ihren verbindlichen Lebensregeln spendeten Geborgenheit unter Gleichgesinnten. Der Unterschied zwischen Jesus und den Pharisäern bestand letztlich nur darin, daß für Jesus die Menschen wichtiger waren als die Gebote. Für die Pharisäer waren die Gebote wichtiger als die Menschen. Jesus wäre von den Pharisäern als »ein von Gott gesandter Lehrer« anerkannt worden, so wie dies der Pharisäer Nikodemus einmal ausgedrückt hat (Joh 3,2); er hätte den

schrecklichen Kreuzestod vermeiden können, wenn er sich nur ein wenig angepaßt hätte. Daß diese Anpassung eine große Versuchung für Jesus war, wird deutlich an der schroffen Antwort, die Jesus dem Petrus gibt, als dieser ihn von seinem Leidensweg abhalten will: »Weiche hinter mich, Satan! Du bringst mich in Versuchung, denn du meinst nicht, was göttlich ist, sondern was menschlich ist!« (Mt 16,23).

Jesus kannte aber auch die andere Art der Versuchung: die Versuchung zur Einseitigkeit. Dieser Versuchung begegnete er besonders nach seiner Taufe in der Wüste. Die Evangelien zeichnen Jesus als einen Armen, der auf jeden äußeren Reichtum verzichtete. Er lebte in großer Bescheidenheit und sagte einmal von sich selber: »Die Füchse haben Gruben und die Vögel unter dem Himmel haben Nester, aber der Menschensohn hat keinen Platz, wo er sein Haupt hinlegen kann« (Lk 9,58). Jesus verzichtete weiterhin auf jede äußere Machtentfaltung. So lehnte er es ab, Menschen mit Feuer vom Himmel zu bestrafen[50], oder sich als König ausrufen zu lassen[51], oder sein Leben durch ein Aufgebot himmlischer Heerscharen zu schützen[52]. Und schließlich lehnte es Jesus ab, Schauwunder zu vollbringen. Selbst seinem Landesvater Herodes verwehrte er das erbetene Wunderzeichen.[53] Jesus lebte also in äußerer Armut und Bescheidenheit, er verzichtete auf äußere Machtpositionen, und er lehnte jede Show ab. Und genau an diesen drei Punkten setzt der Versucher an.

Als Gegenpol zur äußeren Armut, die nach 40tägigem Fasten ihren Höhepunkt erreicht hat, tritt die Versuchung an ihn heran, aus Steinen Brot zu machen.[54] Als Gegenpol zu seinem Machtverzicht tritt die Versuchung an ihn heran, Herrscher über die ganze Welt zu werden[55], und als Gegenpol zu seinem Verzicht auf jegliche Show wird die Versuchung in ihm wach, ein großes Show-Wunder zu vollbringen.[56]

Die Versuchungsgeschichte Jesu macht deutlich, daß die Versuchung von unseren ungelebten Seiten ausgeht. Dem Versucher geht es nicht um Ganzheit, nicht um einen Ausgleich der Gegensätze, sondern um ein Verharren in der bisherigen Einseitigkeit, oder um ein Überwechseln von der einen Einseitigkeit in die andere.

Wenn es im Hebräerbrief weiterhin heißt, daß Jesus versucht ist wie wir, *»aber ohne das Ziel zu verfehlen«* (so die wörtliche Übersetzung), dann bedeutet dies, daß er der Versuchung zur Anpassung widerstanden hat und seinen eigenen, ihm vorgezeichneten Weg gegangen ist, und es bedeutet, daß er der Versuchung zur Einseitigkeit nicht erlegen ist, sondern die jeweiligen Pole zu einem dynamischen Ganzen verbunden hat. Jesus stand über den Polen. Er konnte in Armut leben und in Fülle. Er konnte niedrig sein und hoch sein, so wie es später der Apostel Paulus schrieb, der sich als »Nachahmer Christi« bezeichnet:

»Ich kann arm sein, und ich kann reich sein, in beides bin ich eingeweiht. Ich kann satt sein, und ich kann hungrig sein, ich kann Überfluß haben und Mangel leiden. Ich vermag alles durch den, der mich stark macht« (Phil 4,12f.)

Jesus ließ sich nicht durch äußere Situationen aus dem Gleichgewicht bringen, weder durch Mangel noch durch Fülle. Zur Ganzheit gehört aber auch, daß wir die verschiedenen Pole in uns selber zu einer Ganzheit verbinden. Auch dafür ist Jesus ein Leitbild. In der Analytischen Psychologie unterscheidet man bei jedem Menschen zwischen Einstellungsweisen und Bewußtseinsfunktionen. Einstellungsweisen sind Extraversion und Introversion, Bewußtseinsfunktionen sind Denken, Fühlen, Empfinden (d.h. Wahrnehmen der äußeren Realität) und Intuieren (d.h. Wahrnehmen der inneren Realität). Die Einstellungsweisen und die Bewußtseinsfunktionen stehen jeweils in polarer Spannung zueinander. Die meisten Menschen leben mehr oder weniger einseitig, das heißt, bei ihnen ist jeweils einer der Pole stärker ausgeprägt als sein Gegenpol. So sind die meisten Menschen entweder extravertiert oder introvertiert, entweder ist bei ihnen das Fühlen besonders ausgeprägt oder das Denken, entweder die innere Intuition oder die äußere Empfindung. Eine wesentliche Lebensaufgabe besteht nun darin, daß wir aus einseitigen Menschen ganzheitliche Menschen werden. Auch hier ist Jesus wieder unser Leitbild. Das gilt zunächst für die Einstellungsweisen. Jesus hatte die Fähigkeit, sich auf große Menschenmassen einzustellen und mit ihnen zu kommunizieren. Das kann aber nur ein extravertierter Mensch. Jesus hatte aber auch ein starkes Verlangen, sich immer wieder in die Stille zurückzuziehen, um allein auf einem Berg oder in der Wüste zu sein – ein typisches Kennzeichen für einen introvertierten Menschen. Jesus war also beides: extravertiert und introvertiert. Die Dynamik seines Lebens hatte ihren Grund darin, daß er beide Pole als spannungsvolle Dynamik in sich vereinte.

Das gilt auch für die vier Bewußtseinsfunktionen. So war bei Jesus das Denken klar entwickelt. Schon als Zwölfjähriger staunten die Schriftgelehrten über seine trefflichen Antworten, und auch später durchschaute er die Fallen seiner Gegner und argumentierte schnell und logisch, so daß seine Widersacher keine Möglichkeit hatten, ihn in Widersprüche zu verstricken. Aber auch der Gegenpol zum Denken, das Fühlen, war bei Jesus stark entwickelt. So wurde Jesus immer wieder von Mitgefühl bewegt, wenn er Menschen begegnete. Er weinte mit den Weinenden und er lachte mit den Lachenden. Aber er konnte auch wütend werden, wenn er sah, wie Menschen andere unterdrückten und quälten. Beide Pole, das Denken und das Fühlen, waren bei Jesus zu einer dynamischen Ganzheit verbunden.

Das gilt auch für die beiden anderen Pole: die äußere Empfindung und die innere Intuition. Jesus war vertraut mit der äußeren Realität dieser Welt. Seine Gleichnisse zeigen, daß er offene Augen hatte für die Tätigkeit der Bauern, der Winzer, der Kaufleute, der Fischer und für die Verrichtungen der Hausfrau: das Getreidemahlen, das Brotbacken, das Hausfegen. Er sah die Blumen auf dem Felde, die Vögel unter dem Himmel und die spielenden Kinder. Mit einer wachen »Empfindung« nahm er alles wahr, was ihm von außen begegnete. Aber auch der Gegenpol, die Intuition, war bei ihm stark ausgeprägt. Jesus sah nicht nur die äußere Wirklichkeit, sondern er erfaßte auch intuitiv die innere Wirklichkeit. Er sah nicht nur das Äußere des Menschen, sondern er schaute den Menschen auch ins Herz:

»Er hatte es nicht nötig, daß man ihm irgendetwas über einen Menschen sagte, sondern er wußte, was im Menschen war« (Joh 2,25).

Bei Jesus war das Wahrnehmen der äußeren Wirklichkeit und der inneren Wirklichkeit gleich stark ausgebildet. Die Pole »Empfindung« und »Intuition« bildeten bei ihm eine dynamische Einheit.

Weitere Pole in uns allen sind die männlichen und die weiblichen Persönlichkeitsanteile (dies sind psychologische Größen, keine biologischen!). Auch hier wird deutlich, daß Jesus beide Pole miteinander verbunden hat. So sagt er z.B. zu seinen Volksgenossen: *»Wie oft habe ich euch versammeln wollen, wie eine Henne ihre Kücken unter ihre Flügel versammelt«* (Lk 13,34), ein urweibliches, mütterliches Bild. Andererseits heißt es von ihm, daß er sein Angesicht hart machte[57] und mit großer Entschlossenheit den ihm vorgezeichneten Weg ging, Ausdruck einer männlichen Entschlossenheit.

Wir könnten diese Beispiele vermehren und würden erkennen: Auch hier hat Jesus die beiden Pole zu einer Einheit verbunden.

Und schließlich wird bei Jesus deutlich, daß er auch Gott in seiner polaren Spannung als Ganzheit erlebte. Wenn er am Kreuz ruft: »Mein Gott, mein Gott, wozu *hast du mich verlassen?«* (Mk 15,34), dann erlebt Jesus (wie vor ihm schon der Sänger des 22. Psalms) Gott als den Fernen, der einen Menschen in seiner tiefsten Not allein läßt. Aber Jesus erlebt diesen Gott gleichzeitig als den ganz Nahen, der in ihm ist. Er ruft deshalb: *»Mein* Gott, *mein* Gott!«[58] Darüber hinaus weiß Jesus, daß diese schwerste und tiefste Situation, die er durchlebt, keine sinnlose Situation ist, er fragt deshalb: *»Wozu* hast du mich verlassen?«[59]

Bei der Taufe erlebte Jesus den hellen und den dunklen Pol Gottes im *Nacheinander:* Er erlebte zuerst den hellen Gott, der zu ihm sagt: »Du bist mein lieber Sohn, an dem ich Wohlgefallen habe«[60] und dann den Gott, der ihn in die Wüste hinaustreibt, damit er vom Teufel versucht wird.[61]

Am Kreuz erlebt Jesus den nahen und den fernen Gott im *Miteinander.* Er erlebt Gott als eine Einheit, mit der er selber identisch ist, in der er sein eigenes Leben und den Sinn seines Lebens begründet sieht.

Das Kreuz und der Hahn

Noch bevor ich lesen und schreiben konnte, konnte ich eine evangelische Kirche von einer katholischen unterscheiden. Das war nicht besonders schwierig, denn in der Gegend, in der ich aufgewachsen bin, war auf dem Turm einer evangelischen Kirche ein Hahn, während die katholischen Kirchtürme mit einem Kreuz ausgestattet waren. Das Pfarrhaus, in dem ich meine Kindheit und Jugendzeit verbrachte, hatte einen riesigen Garten, der zwischen der evangelischen und der katholischen Kirche lag. Und so bin ich zwischen einem Kreuz und einem Hahn aufgewachsen.
Der Hahn und das Kreuz sind zwei Symbole, die im Neuen Testament und in der christlichen Tradition mit der Passionsgeschichte verbunden sind. Der Hahn erinnert an Petrus und das Kreuz erinnert an Jesus. Petrus und Jesus, das sind zwei Gestalten der Passionsgeschichte, die an zwei verschiedene Arten von Leiden erinnern. Petrus leidet, weil er falsch gehandelt hat, Jesus leidet, weil er richtig gehandelt hat. Wir wollen über diese beiden Arten des Leidens nachdenken.

Leiden, weil wir falsch gehandelt haben

Wir haben uns irgendwann oder irgendwie falsch verhalten. Wir haben einen Fehler gemacht, und nun entstehen daraus Folgen, die wir nicht, oder so nicht vorausgesehen und auch nicht gewollt haben. Wir greifen uns an den Kopf und sagen: Wie konnte ich nur so etwas tun? Wie konnte ich nur so etwas sagen? Hätte ich doch damals nicht so gehandelt! Wenn ich das gewußt hätte, was daraus entstünde, wäre ich bestimmt vorsichtiger gewesen. Aber jetzt ist es zu spät. Der Zug ist abgefahren, und wir müssen die Folgen unseres verkehrten Handelns tragen. Das kann echtes Leiden sein. So ist es Petrus ergangen. Er hatte sich fest vorgenommen, Jesus treu zu bleiben bis in den Tod und ihn nicht zu verlassen. Und als Jesus zu ihm sagte: »Ehe der Hahn kräht, wirst du mich drei Mal verleugnen«, hat es Petrus nicht geglaubt, sondern erwidert: »Und wenn ich mit dir sterben müßte, so will ich dich doch nicht verleugnen« (Mk 14,30f.).

Und dann kam ganz unerwartet eine Situation, in der Petrus Farbe bekennen sollte – und er hat versagt! Gewiß, die Situation kam so, wie sie Petrus nicht vorhergesehen hatte. In einer öffentlichen Gerichtsverhandlung, vor den weltlichen und geistlichen Autoritäten, hätte sich Petrus sicherlich zu Jesus bekannt. Aber hier im Hinterhof doch nicht! Dort hätte er sich höchstens blamiert und wäre verspottet worden. Aber so ist es ja meistens: Wir versagen in den nicht vorhergesehenen Situationen.

Und als der Hahn krähte, dachte Petrus an das Wort Jesu: »Ehe der Hahn kräht, wirst du mich drei Mal verleugnen«, und er ging hin und weinte bitterlich (Mk 14,72).

Das ist das Leid des Petrus – selbstverschuldetes, schweres Leid. Petrus weint über sein Versagen, das er nie mehr los wurde. Bis heute sitzt ihm der Hahn im Nacken. Dieses Versagen gehört für alle Zeit zu Petrus. Was immer Petrus sonst noch war und sonst noch geworden ist – er bleibt immer auch der Petrus, der Jesus verleugnet hat.

Und das ist gut so. Nur einem Versager konnte Jesus seine Herde anvertrauen, nur auf einen Versager konnte Jesus seine Kirche gründen. Nur so wird deutlich, daß Jesus sein Reich mit Menschen baut, die immer wieder versagen. Und dann kräht der Hahn, und wir wachen auf und wir sehen, was wir angerichtet haben, und dann weint es in uns. Mit solchen Menschen baut Jesus sein Reich. Und deshalb ist das Reich Jesu ein so menschliches Reich.

Die Tatsache, daß Gott sein Reich mit Versagern baut, wird uns schon im Alten Testament deutlich vor Augen geführt, so z.B. an Jakob, dem Stammvater des Volkes Israel. Jakob war ein Mensch,

der vor allem auf seinen eigenen Vorteil bedacht war und der in der Wahl seiner Mittel nicht allzuviel Skrupel hatte, sondern sich seine Vorteile gelegentlich auch durch List und Gaunerei verschaffte. Und diesen Jakob hat Gott dann in seine Schule genommen und ihm einen schweren Tiefschlag versetzt, so daß er zeitlebens hinkte.[62] Erst der hinkende Jakob konnte zum Stammvater des Gottesvolkes werden. Und ähnlich erging es dem Josef, dem Mose, dem David und vielen anderen, die mit ihrer Überheblichkeit, mit ihrer Arroganz und mit ihrer Selbstsicherheit gescheitert sind und dadurch in die Tiefe, in die Wüste und in großes Leid geführt wurden. Nur so konnten sie den Auftrag erfüllen, den Gott für sie vorgesehen hatte. Auch im Neuen Testament begegnen uns neben Petrus noch andere Versager, so z.B. Paulus von Tarsus, der einst hoch zu Roß saß und meinte, er mache alles richtig. Und dann wurde er vom hohen Roß herabgeholt, und er mußte es lernen, seine eigene Dunkelheit zu sehen und zu erkennen, daß Gott sein Reich mit Menschen baut, die nicht mehr aus eigener Kraft und Überheblichkeit für Gott wirken wollen, sondern mit Menschen, die um ihre Schwachheit und um ihr Versagen wissen, mit Menschen, die wissen, daß Gott gerade inmitten der Schwachheit am Werk ist und seine Kraft offenbart.
Und so hat der einst hochmütige Pharisäer am Ende seines Lebens bekannt: »Ich will mich am liebsten meiner Schwachheit rühmen, damit die Kraft Christi in mir wohnt … denn wenn ich schwach bin, dann bin ich stark« (2 Kor 12,9f.).
An die Tatsache, daß Gott immer wieder aus der Dunkelheit des Versagens und der Überheblichkeit zu einem neuen Tag führt und ein neues Wirken ermöglicht, daran erinnert der Hahn, der auf der einen Seite als stolz gilt und deshalb ein Symbol des Hochmuts ist. Auf der anderen Seite ist er jedoch der Künder des neuen Tages und damit ein Symbol der Auferstehung.
Soviel zum Leiden, das durch unser Versagen entsteht und an das uns der Hahn erinnert.
Wie aber ist es mit dem Leiden, das dadurch entsteht, daß wir richtig gehandelt haben?

Leiden, weil wir richtig gehandelt haben

Das Kreuz erinnert uns an das Leiden Jesu. Im Kreuz fand das Leiden Jesu seinen Höhepunkt. Jesus mußte leiden, weil er den Weg ging, der ihm innerlich vorgezeichnet war. Jesus wußte, daß es für ihn nur einen einzigen Weg gab, nämlich den Willen Gottes zu tun. Damit eckte er an. Schon als Zwölfjähriger verärgerte er seine Eltern, als er im Tempel in Jerusalem blieb, statt mit ihnen nach Hause zu gehen. Er verärgerte später die religiösen Führer, als er durch Wort und Tat deutlich machte, daß das Heilwerden und Frohwerden eines Menschen wichtiger ist, als das Halten der Gebote. Und er verärgerte den Teufel und seine Helfershelfer, als er darauf verzichtete, so zu handeln, wie es politisch und wirtschaftlich und von der Massenpsychologie her vernünftig gewesen wäre. Jesus ging den Weg, den er gehen mußte. Das brachte ihm Leiden, Verfolgung und Tod. Und so ist das auch heute noch. Wo wir der Stimme Gottes (d.h. unserem wahren Selbst) folgen und das tun, was uns und unseren Mitmenschen zum Heilwerden verhilft, da stoßen wir immer wieder auf Unverständnis bei unseren Mitmenschen, und da ärgern sich diejenigen, die sich nicht verändern wollen. Und doch wissen wir: Wenn wir der Stimme unseres Herzens folgen, dann gehen wir den Weg, den Jesus vorgezeichnet hat, den Weg, dessen Symbol das Kreuz ist – das Kreuz, dessen Längsbalken im Boden verankert ist, zum Zeichen, daß wir zutiefst verbunden sind mit der Erde und nicht ertragen, daß sie zerstört wird. Der Längsbalken ragt aber auch empor in den Himmel, zum Zeichen, daß wir von Gott nicht lassen, weil wir wissen, daß wir ohne seine schenkende Gegenwart nicht existieren können. Der Querbalken des Kreuzes ist ausgestreckt nach rechts und nach links, nach Ost und nach West, zum Zeichen dafür, daß wir uns nicht einseitig vereinnahmen lassen, weder von linkem noch von rechtem Gedankengut, sondern daß wir gerufen sind, die beiden Extreme immer wieder in uns selber zu erkennen, zu verbinden und zu vereinen und dadurch mit dazu beizutragen, daß in der Welt das Reich das Friedens anbricht.

Zwischen Kreuz und Hahn

Und so stehen die beiden Symbole vor uns: das Kreuz und der Hahn. Das Kreuz, das uns daran erinnert, daß es um die Ganzheit und um die Vereinigung der Gegensätze geht, um das Aushalten der Spannung zwischen oben und unten, zwischen rechts und links.

Und der Hahn, der uns an unser Versagen erinnert, an unseren Stolz und an unsere Überheblichkeit, aber auch an den Anbruch des neuen Tages, der aus der Dunkelheit heraus geboren wird.

Jesus und Petrus, das sind zwei Gestalten, denen wir in uns selber begegnen. Es gibt Augenblicke, in denen wir die Spannung der Gegensätze aushalten. Und dann erleben wir etwas von der Ganzheit, deren Symbol das Kreuz ist; aber es gibt auch immer wieder Augenblicke, in denen wir überheblich sind und erst durch den Hahn wieder wachgerufen und auf den Boden der Realität gestellt werden.

Das Kreuz und der Hahn – diese beiden Symbole gehören zusammen. Durch Menschen, die immer wieder versagen und dadurch Erfahrungen der Tiefe machen, baut Gott sein Reich der Ganzheit und des Friedens.

Auferstehung

Was bedeutet Auferstehung? Wenn es im Glaubensbekenntnis heißt, daß Jesus *am dritten Tage* auferstanden ist, dann ist dies ein Hinweis darauf, daß der dritte Tag Abschluß eines Prozesses ist, der mit dem Karfreitag begann: »Gestorben – begraben – auferstanden«. Was dieser drei-gegliederte Prozeß innerseelisch bedeutet, läßt sich am Beispiel der Maria von Magdala ablesen. Unter den Frauen, die Jesus auf seinem Lebensweg begleitet haben, bis hin zu seinem Sterben, Begrabenwerden und Auferstehen, steht Maria von Magdala jeweils an erster Stelle.[63] An ihr wird besonders deutlich, was die *drei* Tage innerseelisch bedeuten. Im Anhang des Markus-Evangeliums[64] wird berichtet, daß Jesus aus Maria von Magdala sieben Dämonen ausgetrieben hatte. Was heißt das? Ich arbeite seit vielen Jahren in einer psychiatrischen Klinik. Dort begegnen mir immer wieder Menschen, die innerlich zerrissen sind, die hin- und hergerissen werden und den Eindruck haben, daß sie von fremden Mächten bestimmt werden. Es sind Menschen, die keinen stabilen Persönlichkeitskern haben, Menschen, die nicht wissen, wer sie eigentlich sind. Sie haben ihr Leben nicht mehr im Griff, sondern empfinden sich als von außen gelenkt und bedroht. Oft erleben solche Menschen diese äußeren Gewalten als dämonische Kräfte. Eine solche von Dämonen bedrängte Frau war Maria von Magdala.

Doch dann begegnet sie Jesus, einem Menschen, der so völlig anders ist als sie selber, der nicht zerrissen ist, sondern gesammelt, der nicht von außen gesteuert wird, sondern von seinem Wesenskern her. In Jesus begegnet sie einem Menschen, der eins ist mit Gott. Jesus war ein ganzer Mensch, bei dem Denken und Fühlen, die äußere und die innere Wahrnehmung, in einer Mitte zusammengefaßt waren, und diese Mitte war Gott. Jesus, der ganze Mensch, wirkt auf die zerrissene Seele der Maria von Magdala

wie ein heilendes Bild, das in ihr die Sehnsucht nach Ganzheit weckt. Sie erkennt in ihm ihre eigenen Möglichkeiten und läßt sich von ihm prägen. Durch die Begegnung mit Jesus findet ihre Zerrissenheit eine Mitte. Sie wird gesund. Was in ihr auseinanderstrebte, wurde in der Begegnung mit Jesus und in der Verbindung mit ihm zusammengehalten. Maria von Magdala wurde ganz und heil. Die spaltenden Dämonen mußten weichen.
Die Kraft, die Maria von Magdala mit Jesus verbindet, ist die Kraft der Liebe. Mit einer unerhörten Leidenschaftlichkeit hängt Maria von Magdala an Jesus, der sie heil gemacht hat. Die altkirchliche Tradition hat zu Recht in jener Frau, die Jesus gesalbt hat (Mk 14, 3-9), die Leidenschaftlichkeit der Maria von Magdala erkannt.
Es gibt ein Meisterwerk des französischen Bildhauers Auguste Rodin, das mich immer wieder neu beeindruckt. Diese Plastik zeigt Maria von Magdala, die den gekreuzigten Christus leidenschaftlich umarmt. Die ganze Glut ihrer Liebe kommt darin zum Ausdruck (vgl. S. 85).
Die Evangelien schildern Maria von Magdala als eine ständige Begleiterin Jesu. Sie gehörte zu jenen Frauen, die Jesus dienten.[65] Sie hat bis zuletzt an Jesus festgehalten und ihn auch auf seinem letzten Weg bis zum Kreuz begleitet.
Doch dann kam der *Karfreitag*. Jesus, an dem Maria von Magdala so leidenschaftlich hängt, wird ihr am Kreuz wieder entrissen. Auf schreckliche Weise wird der Mensch vernichtet, der ihr ein und alles war, der ihr mehr bedeutete als alles andere in der Welt. Es zerbricht das, was ihrer zerrissenen Seele bisher Ganzheit verliehen hatte.
Als Psychotherapeut kann ich nachempfinden, was dies für Maria von Magdala bedeutet hat. Wenn in der analytischen Arbeit die Ablösung von einem Therapeuten verfrüht oder gewaltsam erfolgt, dann taucht bei Analysanden häufig die Angst auf, daß mit der äußeren Trennung auch der innere Prozeß zum Stillstand kommt oder gar rückläufig wird. Ich kann mir vorstellen, daß diese Angst jetzt auch Maria von Magdala überfällt und daß die bange Frage in ihr auftaucht: Wenn mir Jesus jetzt entrissen wird

– wird dann auch meine Seele erneut zerreißen? Werden dann die Dämonen erneut von mir Besitz ergreifen?
Wir verstehen, daß Maria von Magdala verzweifelt ist. So hat sie Matthias Grünewald auf dem Kreuzigungsbild seines Isenheimer Altars dargestellt: Händeringend, mit leidverzerrtem Gesicht schaut Maria von Magdala zum Gekreuzigten empor (vgl. S. 87). Nach dem Tod Jesu dauert diese Verzweiflung und Trauer den ganzen *Karsamstag* durch fort. Da es Sabbat ist, kann Maria von Magdala nichts tun. Die Verzweifelte und von Schmerzen Gelähmte ist äußerlich untätig. Sie kann Jesus nicht einmal salben. Daß sie am Ostermorgen noch vor Tagesanbruch zum Grabe eilt, macht deutlich, daß sie die ganze Zeit auf nichts anderes gewartet hat, als wieder bei Jesus zu sein. Sie klammert sich also an den Toten, der ihr alles bedeutet hatte. Es begegnen mir immer wieder Menschen, denen ein geliebter Mensch jäh entrissen wurde und die sich dann an den Toten klammern. Ich habe eine Frau gekannt, die mehr als dreißig Jahre lang das Zimmer ihres früh verstorbenen Sohnes unverändert gelassen hat – bis zu ihrem Tod. Sie hat das Zimmer gehütet wie ein Heiligtum. Es ist zu ihrem Lebensinhalt geworden. Sie lebte damit am eigentlichen Leben vorbei. Auch im mittelalterlichen Parzival-Mythos begegnet uns eine solche Frau: Sigune behält ihren einbalsamierten Geliebten über Jahre hin bei sich. Ihr Lebensinhalt besteht darin, daß sie den Toten beweint und betrauert. In ähnlicher Weise klammert sich Maria von Magdala an den toten Jesus. Aber was geschieht am Karsamstag bei Maria von Magdala innerseelisch? Während sie äußerlich nichts tun kann, sondern zur Untätigkeit verurteilt ist, geschieht innerlich das Eigentliche. Jesus wirkt in der Tiefe ihrer Seele und entmachtet dort die Dämonen, die sie vorher bedrängt hatten.
Am *Ostersonntag* wird der Maria von Magdala nun auch noch der tote Jesus entrissen. Da bricht sie in bitteres Weinen aus.[66] Jetzt ist für sie die innere Leere total. Das leere Grab wird für sie zum Symbol ihrer eigenen inneren Leere. Angst steigt in ihr auf, daß die Dämonen, die Jesus gebannt hatte, jetzt in diese Leere einziehen und daß sie ihr Leben erneut zerreißen. Für Maria von

Magdala beginnt der Tag der Auferstehung nicht mit Glockengeläute und mit Halleluja-Rufen, sondern mit Trauer und namenlosem Schmerz.

In dieser Situation, in der alles zerbricht, muß es sich erweisen, wie stark die Prägung ist, die Jesus in ihrem Leben hinterlassen hat. Jetzt muß es sich zeigen, ob Christus, das innere Urbild im Herzen der Maria von Magdala, für sie zu einer bleibenden Realität geworden ist und ob dieses Urbild so belebt wird, daß Maria von Magdala unabhängig ist von der äußeren Gegenwart Jesu.

Wir sagten am Anfang, daß die innere Zerrissenheit der Maria von Magdala sich äußerlich in sieben Dämonen manifestierte. Jetzt zeigt sich die Gegenbewegung: Die durch Jesus gewonnene innere Ganzheit macht möglich, daß Maria von Magdala dem auferstandenen Christus, dem Urbild der Ganzheit, auch äußerlich begegnet. Nur der Mensch kann Jesus äußerlich erkennen, dem das Bild Jesu innerlich eingeprägt ist. Wenn Menschen behaupten, daß sie an den auferstandenen Christus glauben, weil es in der Bibel steht, oder weil das Grab leer war, oder aus sonstigen äußeren Gründen, dann hat das mit einem echten Auferstehungsglauben wenig zu tun. An den auferstandenen Christus glauben können wir nur, wenn der Christus in uns belebt wird.

Die Erde träumt den Himmel

Die Himmelfahrt Christi ist ein Symbol. Sie ist Symbol für die Vereinigung der Erde mit dem Himmel. Im Alten Testament wird diese Vereinigung zwischen Himmel und Erde im Bild von der Himmelsleiter dargestellt. Der Erzvater Jakob träumt:

»Eine Leiter stand auf der Erde, die mit dem oberen Ende an den Himmel rührte und die Engel Gottes stiegen daran auf und nieder« (1 Mose 28,12).

Im Johannes-Evangelium wird die Erde, auf der die Leiter stand, mit Jesus gleichgesetzt. Jesus sagt zu seinen Jüngern:

»Ihr werdet den Himmel offen sehen und die Engel Gottes werden auf und nieder steigen auf den Menschensohn« (Joh 1,51).

Diese Symbolsprache meint: Bei der Menschwerdung Jesu (an »Weihnachten«) hat der Himmel auf der Erde einen Brückenkopf gebildet, »das Wort wurde Fleisch« (Joh 1,14). Als »Wort« gehört Jesus zum Himmel, als »Fleisch« gehört er zur Erde. In Jesus hat somit der Himmel auf Erden Fuß gefaßt und dadurch die Umwandlung der Erde eingeleitet. Bei der Himmelfahrt bringt Jesus die so transformierte Erde in den Himmel zurück; er bildet dadurch einen Brückenkopf der Erde im Himmel.
Vielleicht haben wir Schwierigkeiten mit solchen Vorstellungen. Sie sind jedoch nur für unser rationalistisch verengtes Denken schwierig. Für unsere Vorfahren, die ganzheitlicher lebten als ihre seelisch verkümmerten Nachfahren, war dieser Sachverhalt gar nicht schwierig, sondern eher selbstverständlich. Wenn im Frühling die Natur wieder aufblühte, dann feierten sie das Fest »Odins Freite«, bei dem sich die Erdenmutter mit dem Himmelsgott vereinigte. (In Ägypten war es umgekehrt. Dort vereinigte sich

der Erdmann Geb mit der Himmelsfrau Nut.)[67] Die Blüten der Bäume und der Blumen, die sich dem Himmel entgegenstreckten, waren für sie sichtbarer Ausdruck einer Vereinigung zwischen Erde und Himmel, so wie es Joseph von Eichendorff später nachempfand:

»Es war als hätt der Himmel
die Erde still geküßt,
daß sie im Blütenschimmer
von ihm nur träumen müßt...«[68]

Die im Frühling dem Himmel entgegenlohende Blütenpracht erinnert an die Himmelfahrt Jesu, die Matthias Grünewald auf seinem Isenheimer Altar in visionärer Klarheit dargestellt hat (vgl. S.91)

Der schwere Fels, der an die Erdenschwere erinnert, scheint in die Schwerelosigkeit des Auferstandenen mit aufgenommen zu sein. Er erinnert an den Felsen, auf dem Jakob die Himmelsleiter träumte und damit an den irdischen Jesus. Jesus nimmt die Erde mit in den Himmel! Das ist die unerhörte Bedeutung der Himmelfahrt: Jesus bleibt auch im Himmel der Vertreter der Erde. Er nimmt die irdischen Wunden (Grünewald malt Wundmale an Händen und Füßen des erhöhten Christus) und alles Schwere (vgl. den Felsen) und alles Dunkle (vgl. die dunklen Stellen im Mantel Jesu) mit in den Himmel und verleiht ihnen dadurch – transformiert – einen bleibenden Sinn.

Der »erhöhte« Christus ist der mit der Erde verbundene kosmische Christus, der bei uns und bei seiner Erde bleibt »alle Tage bis an das Ende der Zeiten« (Mt 28,20).

Wenn wir die Himmelfahrt Jesu in dieser Weise verstehen, dann wird sie zu einem dringend notwendigen Gegengewicht zu einem verkopften Christentum, das von einem vergeistlichten Gottvater her denkt und kaum noch Kontakt zur Erde hat. Die recht verstandene Himmelfahrt kann eine Bewegung auslösen, die das Reich Gottes einläutet, denn das Reich Gottes ist die Vereinigung von Himmel und Erde. Das ist »der neue Himmel und die neue Erde« (Offb 21,1).

Komm, Heiliger Geist

Einstimmung

Es war nach einem langen Arbeitstag. Eine Besprechung hatte die andere gejagt. Viele Diskussionsredner hatten viel geredet – viel zuviel. Und dann war endlich Feierabend. Einige von uns wollten noch nicht nach Hause. Es zog uns in die nahe Kirche. Da saßen wir nun in einem Halbkreis um den Altar – erschöpft und müde. Die letzten Strahlen der kalifornischen Abendsonne tauchten den Altar und den Chorraum in ein warmes goldenes Licht. Doch dann verblaßte das Licht, und es wurde dämmerig in der Kirche. Die feierliche Stille, die sich ausbreitete, wurde vertieft durch das ferne Rauschen des Stillen Ozeans. Und dann war es dunkel. Der Pfarrer zündete eine Kerze an. Jemand begann, leise zu singen. Wir anderen stimmten nacheinander mit ein:

Come, o come thou quickening Spirit,
God before the dawn of time …[69]

Als das Lied verklungen war, geschah etwas Seltsames. Es war, als ob alle Müdigkeit von uns gewichen wäre. Ein starker Energiestrom durchflutete unsere Körper. Die Stille war jetzt nicht mehr die friedliche Abendstille, sondern es war, als ob sich der Himmel über uns geöffnet hätte, um die kleine Schar mit hineinzunehmen in die dynamische Ruhe der ewigen Welt.
Ein unbeschreibliches Glücksgefühl durchströmte uns. Lange saßen wir reglos auf unseren Stühlen. Und dann teilten wir uns behutsam einiges von dem mit, was wir in der Stille erlebt hatten – nur einiges wenige. Anderes konnten wir nicht in Worte fassen. Aber uns allen war klar, daß der »quickening Spirit«[70], den wir mit unserem Lied eingeladen hatten, tatsächlich gekommen war.

Komm, Heiliger Geist!

Wenn ich den Heiligen Geist anrede und ihn bitte, daß er kommt, dann gebe ich dadurch zu erkennen, daß ich von seiner Anwesenheit überzeugt bin. Ich rechne damit, daß er mich hört. Ich rede mit dem Heiligen Geist wie mit einem Menschen. Ich sage »Komm«, wie zu einem geliebten Menschen, der nicht abwesend oder fern ist, sondern der ganz nahe ist, so daß er meine Stimme hört – selbst wenn ich flüstere: »Komm!«

Nun ist aber der Ruf »Komm!« keineswegs ein einseitiger Ruf, sondern der Gerufene hat gleichfalls das Verlangen, mit mir in Verbindung (in »*Komm*-union«) zu treten!

Wenn ich zu einem Menschen sage: »Komm!«, dann heißt das, daß ich bereit bin, ihn in mein Leben einzulassen. Zu einer echten Begegnung kommt es jedoch nur dann, wenn ich einen Menschen nicht nur in mein Haus einlasse, sondern wenn ich mich auch auf ihn einlasse, d.h. auf das, was durch den betreffenden Menschen auf mich zukommt. Dabei ist es wichtig, daß ich mich auf diesen Menschen einstimme. Auf jeden Menschen stimme ich mich anders ein, so wie es seinem Wesen entspricht. Sich auf einen Menschen einstimmen heißt, daß ich bereit bin, mich von diesem Menschen bereichern, ergänzen und korrigieren zu lassen.

So ist es auch, wenn ich den Heiligen Geist bitte, daß er in mein Leben kommt. Ich lasse mich auf ihn ein, ich stimme mich auf ihn ein.

Wenn ich einen Menschen gut kenne, dann habe ich bestimmte Erwartungen an ihn. Ich stimme mich deshalb entsprechend diesen Erwartungen auf ihn ein. Von dem einen erwarte ich Belehrung, von einem anderen Hilfe, von einem Dritten menschliche Wärme und eine beglückende Begegnung.

So ist es auch mit dem Heiligen Geist. Der Heilige Geist hat viele Seiten, und ich kann viel von ihm erwarten. Wie kann ich mich recht auf ihn einstimmen?

Die Bibel redet vom Heiligen Geist in Bildern. Diese Bilder oder Symbole schildern verschiedene Seiten des Heiligen Geistes und sind deshalb auch mit entsprechenden Erwartungen verknüpft. Ich möchte drei dieser Bilder herausgreifen, nämlich Luft[71], Feuer[72] und Wasser[73].

Zunächst die *Luft*. In den Sprachen der Bibel bedeutet das Wort für Geist (hebr. ruach, gr. pneuma) »Wind«, d.h. bewegte Luft. Wenn ich mich auf den Geist als Wind einstelle, dann kommt mir das Wort aus dem Johannes-Evangelium in den Sinn: »Der Wind weht, wo er will, und du hörst sein Sausen wohl, aber du weißt nicht, woher er kommt und wohin er geht« (Joh 3,8).

Wenn ich mich also auf den Geist als Luft oder Wind einstelle, dann stelle ich mich auf den Geist ein, über den ich nicht verfügen kann, der nicht manipulierbar ist. Ich setze mich dem Geist aus wie der Luft, die mein ganzes Wesen erfüllt. Viele Menschen entdecken heute wieder neu, was Atmen bedeutet, welche erquickende und heilsame Wirkung richtiges Atmen hat, besonders wenn wir gute Luft einatmen. Der Heilige Geist ist die bestmögliche Luft für unsere Seele. Wenn ich also zum Heiligen Geist sage: »Komm!« und mich dabei auf das Symbol Luft einstimme, dann bitte ich, daß der Atem Gottes in mich kommt. Ich atme all das aus, was an unreinen Geistern in mich eingedrungen ist, und ich lasse den Heiligen Geist in mich einströmen, der meine Seele erquickt und heilt.

Wenn ich mich auf den Geist als *Feuer* einstimme, dann stimme ich mich darauf ein, daß er eine läuternde Funktion in meinem Leben ausübt. Ich erwarte, daß er das verbrennt, was in meinem Leben nichts taugt. Daß er mich läutert wie Gold, das im Feuer geläutert wird. Das ist ein schmerzhafter Prozeß. Doch ich weiß, daß ohne eine solche Läuterung kein geistliches Wachstum geschehen kann. Das, was eigentlich wertvoll in meinem Leben ist, kann nur durch das Feuer das Geistes herausgeschmolzen werden.

Als Feuer ist der Geist auch Licht und Wärme. Er erleuchtet mich und zeigt mir den Weg, den ich gehen soll. Und er schenkt mir die »Wärme« der Geborgenheit, des Ruhens in Gott, wenn ich diesen Weg gehe.
Wenn ich mich auf den Geist als *Wasser* einstimme, dann denke ich an die Taufe. Die Taufe ist das »Bad der Wiedergeburt« (Tit 3,5). Es geht dabei um das Sterben des alten Menschen und um das Auferstehen des neuen Menschen. Ich stimme mich darauf ein, daß meine falschen Motive und meine Fehlhaltungen in den Tod gegeben werden und daß Jesus Christus, d.h. mein wahres Selbst, aufersteht.
Wasser fließt immer den Weg des geringsten Widerstandes. Das können wir an jedem kleineren Rinnsal oder Bächlein beobachten oder auch an jedem großen Fluß. Sobald ein ernsthaftes Hindernis kommt, läuft das Wasser an ihm vorbei und sucht sich einen anderen, oft sehr viel weiteren Weg. So ist das auch mit dem Geist. Wo wir dem Geist Widerstand entgegensetzen, fließt er vorbei und macht einen Umweg, manchmal einen sehr langen Umweg. Einer meiner Freunde hat immer wieder den Satz gesagt: »Der Heilige Geist ist ein Gentleman. Er drängt sich nicht auf, sondern er kommt nur dort, wo er willkommen ist.«
Luft, Feuer, Wasser – das sind Symbole des Heiligen Geistes. Und was ist mit dem 4. Element, mit der Erde? Die Erde ist niemals Symbol des Geistes, sondern die Erde, das sind wir. Die Erde ist der Urstoff der Schöpfung, der durch den Geist gestaltet und erneuert wird. Die Erde, zu der wir alle gehören, lädt den Geist ein und bittet: »Komm, Heiliger Geist, erneuere die ganze Schöpfung.«

Komm, Heiliger Geist, erneuere mich!

Wenn ich bete »Komm, Heiliger Geist, erneuere die ganze Schöpfung«, dann bete ich zunächst darum, daß der Heilige Geist mich selbst erneuert. Ich kann nicht erwarten, daß Erneuerung geschieht, wenn ich nicht bereit bin, mich selbst erneuern zu lassen.

Das Gebet um Erneuerung der ganzen Schöpfung beginnt deshalb mit dem Gebet: »Komm, Heiliger Geist, erneuere mich.« Und was heißt das? Es heißt, daß ich mich zunächst vom Heiligen Geist zu meiner Originalität befreien lasse. Der Kirchenvater Cyrill von Jerusalem, der im 4. Jahrhundert gelebt hat, hat den Heiligen Geist einmal mit dem Regen verglichen, der sich in den verschiedenen Pflanzen unterschiedlich auswirkt. Er hat gesagt:

»Er wird weiß in der Lilie und rot in der Rose, er wird anders in der Palme, anders im Weinstock. Der Regen richtet sich nach der Beschaffenheit der Dinge, die ihn aufnehmen. Er wird für jedes Ding das, was ihm entspricht.«

Cyrill meinte, daß es so auch mit dem Heiligen Geist sei. Er wirke in jedem von uns so, daß wir zu dem werden, was uns entspricht.[74] Gott hat uns als Originale gewollt und geschaffen. Sowenig, wie an einem Baum zwei Blätter völlig gleich sind, sowenig sind zwei Menschen jemals völlig gleich. Durch Entwicklungs- und Umwelteinflüsse verlieren jedoch viele Menschen im Laufe ihres Lebens ihre ursprüngliche Originalität. Manches, was von uns oder von unserer Umgebung nicht akzeptiert wird, wird abgeschoben (verdrängt) und führt fortan ein Schattendasein, das unser Leben in mancherlei Weise blockiert. Wenn sich nun ein Mensch für das Wirken des Heiligen Geistes öffnet, dann rückt Gott an die erste Stelle, und wir werden von Menschengefälligkeit

(oder von Opposition gegen Menschen) befreit und können damit erneut zu unserer Originalität finden.
In seinen »Erzählungen der Chassidim« überliefert Martin Buber den Ausspruch des Weisen Sussja, der unmittelbar vor seinem Ende sprach: »In der kommenden Welt wird man mich nicht fragen: Warum bist du nicht Mose gewesen? Man wird mich fragen: Warum bist du nicht Sussja gewesen?«[75] Sussja meint damit: Es geht nicht darum, daß wir irgendwelche großen Vorbilder nachahmen, sondern darum, daß wir zu uns selber und damit zum wahren Menschsein finden.
Wenn ich also bete: »Komm, Heiliger Geist, erneuere mich!«, dann bete ich: »Komm Heiliger Geist, befreie mich zu meiner Originalität.«
Wenn ich so bete, dann gestatte ich dem Heiligen Geist, daß er wie Atemluft in mich eindringt und mich erquickt, daß er mich wie Feuer läutert, daß er mich wie Wasser reinigt und zu einem neuen Leben befreit.
Mich selbst finden und mich zur Originalität befreien lassen heißt, daß ich meinen Platz in Kirche und Gesellschaft finde und den Auftrag entdecke, zu dem Gott mich berufen und begabt hat. Wenn ich bereit bin, diesen Auftrag zu erfüllen, dann handelt Gott durch mich und nimmt meine schöpfungsgemäßen Anlagen und Fähigkeiten so in Dienst, daß sie zu Charismen werden, d.h. zu Gaben, die mich und andere froh machen. Zur Originalität befreit werden heißt, den Willen Gottes in meinem Leben geschehen lassen. Der Wille Gottes ist das, was mir zutiefst entspricht. Der Wille Gottes ist der Entwicklungstrieb, den Gott in jeden einzelnen Menschen und in seine ganze Schöpfung hineingelegt hat. Sich zur Originalität befreien lassen, heißt deshalb, diesem Entwicklungstrieb folgen und damit in Übereinstimmung mit meinem wahren Selbst und mit der ganzen Schöpfung handeln. Eine solche Übereinstimmung ist eine zutiefst beglückende Erfahrung.
Zur Selbstwerdung gehört jedoch auch, daß ich meine Schattenseiten kennenlerne und akzeptiere. Das ist ein lebenslanger Prozeß – aber auch ein notwendiger Prozeß. Dieser Prozeß bedeutet,

daß ich meine Vergangenheit als zu mir gehörig akzeptiere und daß ich lerne, falsche Verhaltens- und Beziehungsmuster aufzulösen. Hier geschieht eine Kooperation zwischen dem Heiligen Geist und mir. Wenn ich den Heiligen Geist in meinem Leben wirken lasse, dann heißt das, daß auch ich zu wirken beginne, im Sinne des Pauluswortes: »Schaffet, daß ihr ganz werdet, denn Gott ist es, der sowohl das Wollen als auch das Vollbringen wirkt« (Phil 2,12f.).
Selbstverwirklichung geschieht durch die Kooperation zwischen meinem wahren SELBST und meinem ICH. Mein »wahres Selbst« ist der »Christus in mir«, dessen Geist mich weckt, motiviert und aktiviert.
Wenn ich dabei auch die Schattenseiten und Dunkelheiten meines Lebens kennenlerne und akzeptiere, dann werde ich dadurch menschlicher und erschließe mir neue Möglichkeiten mitmenschlicher Beziehungen.

Komm, Heiliger Geist, erneuere die Kirche

Der Heilige Geist befreit uns nicht nur zur Originalität, sondern auch zum Miteinander mit den anderen Christen. Wir brauchen unsere Mitmenschen und Mitchristen zur Bereicherung, Ergänzung und Korrektur. Es gibt keine zufälligen Begegnungen, sondern wir ziehen jeweils diejenigen Menschen an, die wir brauchen und die uns brauchen. Alles, was wir und was sie erfahren und erlebt haben, Gutes und Trauriges, wird in die Gemeinschaft eingebracht und ist somit für alle da. Das heißt, es ist wichtig, daß wir nicht nur uns selbst annehmen, sondern auch den anderen – im Sinne der Ermahnung des Apostels Paulus: »Nehmet einander an, wie Christus euch angenommen hat« (Röm 15,7). Wie bei einem Orchester gerade dadurch eine Symphonie entsteht, daß jeder sein Instrument und seine Stimme spielt, so entsteht auch im menschlichen Miteinander dort rechte Harmonie, wo einer sich über die Gabe des anderen freut. In einem Orchester kann jedoch nicht jeder dirigieren oder die erste Geige spielen, sondern es gibt auch zweite und dritte Geigen und es gibt die Pauke, die nur gelegentlich im Hintergrund ertönt und doch nicht fehlen darf im Zusammenspiel der Instrumente. Hier gilt das, was im 1. Petrusbrief steht (4,19): »Dienet einander, ein jeder mit der Gabe, die ihm gegeben ist.« Wie das in einem Gottesdienst aussehen könnte, hat der Apostel Paulus im 1. Korintherbrief (14,26) beschrieben: »Jedesmal, wenn ihr zusammenkommt, hat jeder etwas in Bereitschaft, ein Lied, ein belehrendes Wort, eine hilfreiche Schau, ein geistgewirktes Gebet, eine Deutung – all das soll dem Aufbau der Gemeinde dienen.«[77]

In einer christlichen Gemeinschaft gibt es jedoch nicht nur Musikanten, die ein schönes Instrument spielen, sondern es gibt auch

Menschen, von denen wir den Eindruck haben, daß sie hauptsächlich dazu da sind, unsere Hilfsbereitschaft zu wecken. Wir brauchen dabei nicht nur an die Allerärmsten zu denken – wir alle haben neben unseren Talenten und Fähigkeiten auch Nöte und Bedürfnisse und sind auf die Hilfe anderer angewiesen. Zum Miteinander befreit werden heißt deshalb, zum Geben und zum Nehmen befreit werden. Zum Geben befreit werden heißt, die Nöte und Bedürfnisse des anderen sehen und Gott bitten, daß wir mit dazu beitragen können, daß die rechte Hilfe gefunden wird. Zum Nehmen befreit werden heißt, daß wir uns eingestehen, wo unsere Nöte und Bedürfnisse liegen und wo wir Hilfe brauchen. Das kann demütigend sein, aber es ist die einzige Möglichkeit, wie wir zu einem rechten Miteinander, und damit zur Liebe, befreit werden können.
Zur Erneuerung der Kirche gehört jedoch nicht nur die Erneuerung der jeweiligen Ortsgemeinde oder unserer eigenen Kirche, sonderen es geht auch um das Miteinander aller Kirchen. Schon im 18. Jahrhundert hat Nikolaus Graf Zinzendorf, der Begründer der Herrenhuter Brüdergemeine, erkannt:

»In jeder christlichen Konfession liegt ein gewisser Gedanke Gottes, der durch keine andere Konfession erhalten werden kann. Jede christliche Konfession hat ein Kleinod, das sie auf Gottes Befehl konservieren muß, wozu sie den Schlüssel allein hat. Durch eine *Konfession allein kann das Haus Gottes nicht gebaut werden, man muß sie zusammen nehmen.«*

Ich verstehe die Geschichte der Kirchenspaltungen als einen notwendigen Prozeß. Alles Wachstum geschieht durch Spaltung. So schmerzlich eine Spaltung auch immer wieder gewesen sein mag, so war sie doch immer wieder notwendig, um ein bestimmtes Kleinod zu bewahren. Durch die Aufgliederung der einen Kirche in verschiedene Kirchen, konnten solche Kleinode, die im Urchristentum keimhaft angelegt waren, nicht nur bewahrt werden, sondern auch ausreifen. In unserem Jahrhundert hat nun die große Sammlung begonnen. Da sind Spaltungen nicht mehr am Platz, sondern wir entdecken – besonders bei ökumenischen Begegnungen – staunend den Reichtum bei unseren Schwestern und Brüdern aus anderen Kirchen. So habe ich z.B. in der Begegnung mit der orthodoxen Kirche das Geheimnis der Anwesenheit der himmlischen Wirklichkeit im Gottesdienst entdeckt. Als ein mir bekannter orthodoxer Bischof einmal gefragt wurde, ob er wirklich davon überzeugt sei, daß die Engel anwesend seien, wenn er Eucharistie feiere, fragte er ganz erstaunt zurück: »Ja, sehen Sie denn die Engel nicht?«

Bei den unabhängigen afrikanischen Kirchen ist mir aufgegangen, wie wichtig es ist, daß die Kirche und der christliche Gottesdienst geerdet sind, d.h. daß die Traditionen des Landes und des Volkes mit in den Bereich des Christlichen aufgenommen werden.

Bei den Kimbangisten in Afrika habe ich erstmals erfahren, was heilige Orte sind (zu denen ich als reformierter Christ vorher keine Beziehung hatte). So spürte ich im Mausoleum des Simon Kimbangu in Nkamba (Zaire) starke Schwingungen in der Luft. Es war mir, als wäre der Raum elektrisch geladen und als würden diese Schwingungen heilend meinen Körper durchströmen. Eine Frau, die neben mir stand, hatte dabei eine Vision. Sie sah, wie sich die Erde für den Himmel öffnete und wie sich der Himmel auf die Erde herabneigte und wie sich beide über dem Grab des Simon Kimbangu liebend vereinten. Ein ähnliches Erlebnis hatte ich in einem schlichten Gebetsraum einer katholischen Kommunität in Amerika. Auch dort spürte ich ähnlich starke Schwingungen, die meinen Körper durchströmten.

Diese beiden Erlebnisse haben mir deutlich gemacht, daß Gottes Geist nicht nur im Menschen wohnt, sondern auch an heiligen Orten. Ich habe neu Jakobs Traum und seine Entdeckung eines Stückchens Erde als »Haus Gottes« verstehen gelernt (1 Mose 28). Seither hatte ich noch manche anderen Erlebnisse, die mir deutlich machten, daß Gottes Geist nicht nur in der Kirche, sondern in seiner ganzen Schöpfung anwesend ist.

Komm, Heiliger Geist, erneuere die Schöpfung

Bei der Erneuerung durch den Heiligen Geist geht es nicht nur um die Erneuerung des Einzelchristen und nicht nur um die Erneuerung der Kirche, sondern um die Erneuerung der ganzen Schöpfung.

In einem ökumenischen Gottesdienst hatte eine Frau folgende Vision: Sie sah vor sich den Erdball und darin verwurzelt ein großes Kreuz. Am oberen Ende das Längsbalkens sah sie einen Europäer mit hoch entwickeltem Intellekt. Am rechten Ende des Querbalkens sah sie einen Afrikaner in rhythmischen Tanzbewegungen, am linken Ende des Querbalkens sah sie einen Asiaten in tiefer schweigender Meditation. Und unten am Längsbalken, dort wo das Kreuz in die Erde überging, saß ein Indianer, der fest mit der Erde verbunden war. Das Kreuz selber mitsamt den Wurzeln, die die ganze Erde durchdrangen, war Christus. Jene Frau hat diese Vision anschließend gezeichnet (vgl.S.106).

Als jene Frau diese Vision im Anschluß an den Gottesdienst erzählte, herrschte Betroffenheit unter den Gottesdienstteilnehmern. Einige wehrten sich dagegen. Andere ahnten jedoch beglückt, daß hier eine größere Ökumene sichtbar wird, bei der es nicht nur um die Einheit der Christen, sondern um das Miteinander aller Menschen geht. Es ist eine Vision des kosmischen Christus, der die ganze Erde heilend durchdringt. Staunend erleben wir, daß diese Vision sich heute zu erfüllen beginnt und daß selbst in einigen protestantischen, europäischen Kirchen, die so lange Kirchen des (häufig intellektualistisch mißverstandenen) Wortes waren, rhythmische Tänze Eingang finden und daß selbst in reformierten Kirchen Meditationszentren entstehen. Staunend erleben wir auch, daß die Erde neu ernst genommen wird und daß

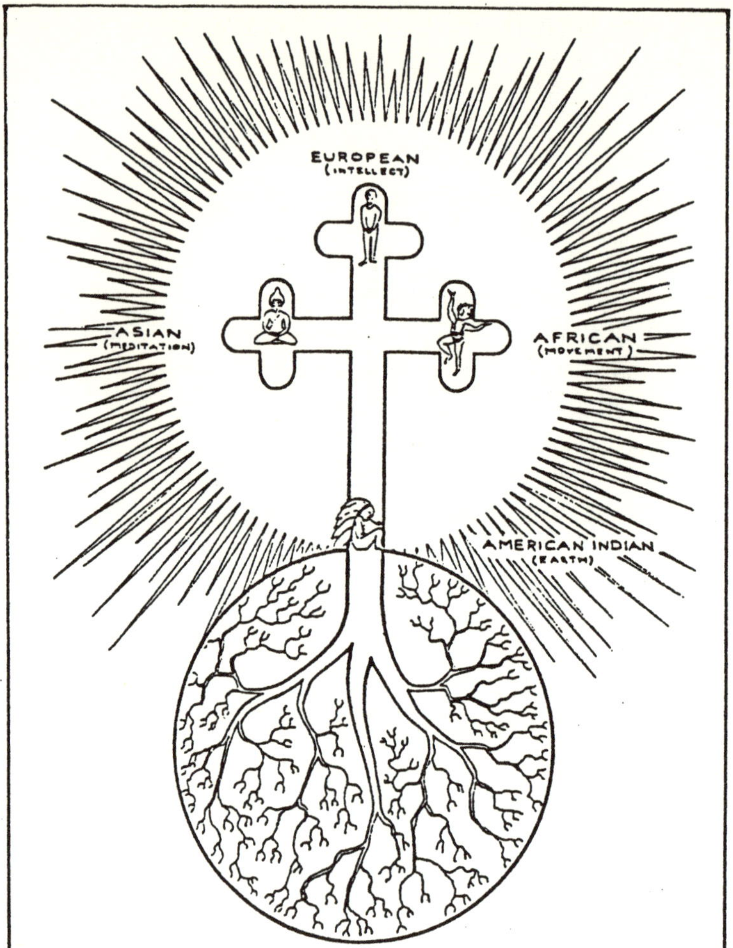
EUROPEAN
(INTELLECT)
ASIAN
(MEDITATION)
AFRICAN
(MOVEMENT)
AMERICAN INDIAN
(EARTH)

immer mehr Menschen entdecken, daß nicht nur Menschen und Tiere, sondern auch Pflanzen und Steine unsere Weggefährten sind, die uns hilfreich auf unserer Erdenwanderung begleiten, zur gegenseitigen Bereicherung, Ergänzung und Korrektur.
Und was bedeutet in diesem Kontext die Bitte »Komm, Heiliger Geist, erneuere die ganze Schöpfung«?
Sie bedeutet, daß ich den Heiligen Geist bitte, daß er mir die Ursache der Zerstörung der Schöpfung in mir selbst zeigt, daß ich erkenne, daß die Schöpfung ein Spiegelbild meiner Seele ist. Alles, was außen ist, ist auch innen in uns: der Berg und das Tal, das Tier, die Pflanze und der Stein. Das, was in meiner Seele zerstört und entzweit ist, manifestiert sich in der äußeren Welt, in Krieg und Folter, in Fanatismus und Intoleranz, in der Verschmutzung der Luft, des Wassers und der Erde. Indem ich diese Zerstörung anschaue, erkenne ich den Zustand meiner eigenen Seele. Die Krankheit ist in uns. Die Aggression, die wir verdrängen, projizieren wir nach außen und fördern dadurch Strukturen, die die Schöpfung zerstören.
Die Mißachtung unseres Körpers und seiner Organe und das Abwürgen unserer inneren Lebendigkeit projizieren wir nach außen und tragen so mit dazu bei, daß die Lebendigkeit in unserer Umwelt zugrunde geht. Und dieser Teufelskreis wirkt dann wieder auf uns zurück. In der Apostelgeschichte (2,18) ist das Kommen des Heiligen Geistes mit dem Umdenken verbunden. Wenn wir also beten »Komm, Heiliger Geist, erneuere die ganze Schöpfung!«, dann bekunden wir dadurch die Bereitschaft zum Umdenken. Und wie könnte das aussehen? Dieses Umdenken könnte für uns Europäer z.B. darin bestehen, daß wir den Indianer in uns entdecken und akzeptieren und mit ihm die Lebendigkeit des Regenwaldes und das Singen der Vögel; daß wir den Afrikaner in uns entdecken und akzeptieren und mit ihm den Tanz und Rhythmus; und daß wir den Asiaten in uns entdecken und akzeptieren und mit ihm die Stille und die Meditation. Indem wir uns selbst so vom Heiligen Geist erneuern und zur Ganzheit führen lassen, wird ein winziges Stück Schöpfung heil. Und wenn viele sich so vom Heiligen Geist führen lassen, entsteht ein Netzwerk

über die ganze Erde. Ein Netzwerk, das schließlich die Erneuerung der Schöpfung bewirkt. Der lateinamerikanische Priesterdichter Ernesto Cardenal hatte einmal eine Vision von der erneuerten Schöpfung.[77] Er sah die Erde als einen lebendigen Organismus (was sie ja tatsächlich ist!) und die Menschen wie Zellen in diesem Organismus. Menschen, die sich nicht erneuern ließen, sah er wie abgestorbene Zellen, wie Fossile ausgestorbener Lebewesen. Aber die Erde selbst war lebendig, geschmückt wie eine Braut, und die anderen Sterne hörten die Erde singen. Und sie sang ein Lied der Liebe.

So leben die Christen

Einstimmung

»Welchen Film wollen Sie gerne sehen?« so fragte ich die Auszubildenden der Schule für psychiatrische Krankenpflege, in der ich Unterricht erteile. »Wir wollen in der nächsten Stunde miteinander einen Film besprechen«, so fuhr ich fort, »es liegt mir jedoch daran, daß es ein Film ist, der Ihnen etwas bedeutet. Welchen Film wollen Sie gerne sehen?« Eine Auszubildende meinte spontan: »E.T.«. Zu meinem großen Erstaunen stimmten die anderen sofort einmütig zu: »O ja – E.T.!« Ich war verblüfft, denn bisher war ich der Meinung, daß E.T. ein Kinderfilm sei. Aber da saßen nun die Auszubildenden, Frauen und Männer zwischen zwanzig und vierzig Jahren und wünschten sich E.T.! Ich besorgte also den Film, und wir betrachteten ihn miteinander: E.T., ein liebenswertes außerirdisches Wesen, bleibt bei einem Erdenbesuch der Außerirdischen versehentlich auf der Erde zurück. Und da lebt nun dieses außerirdische Wesen auf der Erde und hat Heimweh. E.T. ist dem Leben auf der Erde durchaus gewachsen und entwickelt erstaunliche Fähigkeiten. E.T. findet auch Freunde auf Erden. Aber das Heimweh bleibt – die Sehnsucht nach der eigentlichen Heimat.

Während ich diesen Film anschaute, wurde mir klar, warum er so großen Anklang findet. Er stellt eine innere Realität äußerlich dar. In uns allen lebt das Heimweh nach unserer eigentlichen, ewigen Heimat. Aber bei vielen von uns ist diese Sehnsucht verschüttet und verdrängt. Wir haben uns so einseitig auf der vordergründigen materiellen Welt eingerichtet, daß wir überhaupt nicht mehr an unsere ewige Heimat denken. Aber unsere heimwehkranke Seele denkt daran! Sie weint in uns, wie in einem Kerker. Und dann kommt eine Gestalt wie E.T. und weckt die Gefangene. Unsere Seele gleicht dem König Richard Löwenherz, der als Gefangener in einem unbekannten Kerker saß. Sein Sänger

Blondel zog nun von Burg zu Burg und sang vor den Kerkerfenstern das Lieblingslied des Königs. Als er schließlich zu dem Kerker kam, in dem Richard Löwenherz gefangen lag, da stimmte der König in der Tiefe des Kerkers in dieses Lied mit ein. Und es vereinte sich durch das Kerkerfenster hindurch mit der Stimme des Sängers. Dies führte zur Befreiung des Königs.

E.T. ist wie das Lied des Sängers Blondel. Das Heimweh des E.T. erinnert uns an die eigentliche Heimat unserer Seele, an die Ewigkeit.

Ein Christ ist ein Mensch, der dem Heimweh seiner Seele Raum gibt. Das Leben eines Christen ist ein Leben in zwei Welten. Christen haben eine irdische und eine himmlische Heimat. »Sie wandeln auf Erden und leben im Himmel«, heißt es in einem Kirchenlied.

Dieses Leben in zwei Welten bedeutet einerseits eine Verbundenheit mit Gott – im Himmel, andererseits ein Zusammenleben mit anderen Menschen – auf Erden.

Um diese doppelte Verbundenheit geht es in den folgenden Ausführungen.

Mit Jesus verbunden

Ich wohne in einer Weinbaugemeinde. Tag für Tag sehe ich vor mir die Rebberge. Jahr für Jahr begleite ich die Arbeit der fleißigen Rebbäuerinnen und Rebbauern, die sorgsam jeden einzelnen Weinstock pflegen. Sie schneiden die Reben und entfernen die überschießenden Schosse und Blätter, damit die Kraft des Weinstockes den Trauben zugute kommt. Und sie ernten schließlich die Frucht ihrer Arbeit.
Immer wieder werde ich dabei an ein Jesus-Wort erinnert, das im Johannes-Evangelium überliefert ist. Dort sagt Jesus:

»Ich bin der wahre Weinstock und mein Vater ist der Weinbauer. Er entfernt jede Rebe an mir, die keine Frucht bringt; aber die fruchttragenden Reben reinigt er, damit sie noch mehr Frucht bringen ... Nur wenn ihr mit mir verbunden bleibt, könnt ihr Frucht bringen, genauso wie eine Rebe nur Frucht bringen kann, wenn sie am Weinstock bleibt.
Ich bin der Weinstock und ihr seid die Reben. Wer mit mir verbunden bleibt, wie ich mit ihm, der wird reiche Frucht bringen. Aber ohne mich könnt ihr nichts vollbringen« (Joh 15,1-5).

In diesem Text ist von einem Weinstock die Rede und von den Reben. Von den Reben heißt es, daß die einen Frucht bringen, die andern nicht. Es wird weiterhin gesagt, was mit den Reben geschieht, die keine Frucht bringen: Sie werden vom Weinstock entfernt und später verbrannt. Es wird auch gesagt, was mit den Reben geschieht, die Frucht bringen: Sie werden »gereinigt«, damit sie noch mehr Frucht bringen.
Was will Jesus damit sagen? Er gibt selber die Deutung dieses Gleichnisses: Der Weinbauer – das ist Gott, der Weinstock – das bin ich, die Reben – das seid ihr.

Der Weinstock

Wie kommt Jesus dazu, sich als »Weinstock« zu bezeichnen? Was ist der Hintergrund dieser Symbol-Sprache? Nun, zunächst einmal wird im Alten Testament das Volk Israel als Weinberg oder als Weinstock bezeichnet.

So heißt es beim Propheten Jesaja (Jes 5,7): »Das Haus Israel ist der Weinberg des Gottes Zebaoth.« In Jer 2,21 sagt Gott zu Israel: »Ich habe dich gepflanzt als einen edlen Weinstock«, und in Psalm 80,9 sagt der Psalmsänger zu Gott: »Du hast einen Weinstock aus Ägypten geholt und ihn eingepflanzt.« Gott selber ist also der Weinbauer, der den Weinstock Israel pflanzt, hegt und pflegt.

Was bedeutet es auf diesem Hintergrund, wenn Jesus von sich sagt: Ich bin der wahre Weinstock? Es bedeutet, daß Jesus der wahre Vertreter Israels ist. Alles, was Israel eigentlich hätte sein sollen, aber nicht war, ist in Jesus erfüllt. Jesus kommt aus dem Volk Israel und in ihm ist das Beste, was Gott in dieses Volk hineingelegt hat, zusammengefaßt. Das Volk Israel, der Weinstock Gottes, sollte Gott vertrauen, aber oft genug hat es Gott nicht vertraut. Jesus dagegen, der Sproß Israels, ist der wahre Weinstock, der Gott in allem vertraut und sich auf ihn allein verläßt.

Nun ist aber das Neue Testament nicht nur auf dem Hintergrund des Alten Testaments geschrieben, sondern es ist auch zur Zeit des Hellenismus entstanden. Es gibt somit noch eine zweite große Welt, an die sich das Neue Testament wendet und die ihrerseits Spuren im Neuen Testament hinterlassen hat. In der hellenistischen Welt wurde mit dem Namen »Weinstock« der Gott Dionysos bezeichnet. Dionysos war der Gott der Gegensätze. Er war der Gott des Rausches und der Nüchternheit. Er war der Gott des Leidens und der Freude. Er war der männliche und der weibliche Gott. Er war der erwachsene Gott und das Kind. Dionysos war somit ein ganz eigenartiger Gott, der völlig aus dem Rahmen der sonstigen griechischen Götter herausfiel. Der Hauptname dieses Gottes war »Weinstock«. Wenn Jesus also für hellenistische Ohren sagt: »Ich bin der wahre Weinstock«, dann heißt das, daß all das, was die Griechen ersehnt haben, wenn sie sich dem Dionysos zuwandten, nämlich das, was die Gegensätze verbindet, was ein Ganzes macht aus dem vielen Auseinanderstrebenden, daß das in Jesus erfüllt ist. Unser Text meint also: der wahre Dionysos, der wahre Weinstock ist Jesus. In ihm sind die Gegensätze zusammengefaßt.

Nun hat aber der »Weinstock« in der Umwelt des Neuen Testaments noch eine dritte Bedeutung. Es gab eine Sondergemeinschaft von Juden, die vor allem von Johannes dem Täufer beeinflußt waren. Für sie war der Weinstock der Lebensbaum. Und zwar haben sie den Lebensbaum-Weinstock als »Baum der Unsterblichkeit« bezeichnet oder als »Baum, der Heilung bringt«. Das erinnert an die Johannes-Offenbarung, wo auch von Lebensbäumen die Rede ist, die Heilung bringen.[78] Daß der Weinstock als Lebensbaum bezeichnet wird, das führt uns zurück ins Paradies. Der Zugang zum Paradies ist den Menschen versperrt – das wird anschaulich in den ersten Kapiteln der Bibel geschildert. Aber nun macht Gott etwas Wunderbares: Er holt den besten Baum, nämlich den Lebensbaum, aus dem Paradies heraus und pflanzt ihn in diese Welt. Der Lebensbaum wird somit außerhalb des Paradieses angepflanzt, sodaß jeder mit diesem Lebensbaum in Verbindung treten und dadurch Anteil an den Kräften des Paradieses erlangen kann. Wer mit Jesus, dem wahren Lebensbaum-Weinstock verbunden ist, der hat Anteil am Paradies. So sagt Jesus z.B. zu dem Mitgekreuzigten, der sich vertrauensvoll an ihn wendet: »Du wirst mit mir im Paradiese sein« (Lk 23,43). Jesus, der wahre Weinstock, ist der eigentliche Lebensbaum, der die Mitte des Paradieses ist. Wo Jesus ist, da ist das Paradies, und wer mit ihm verbunden ist, der hat Anteil an den Kräften des Paradieses. Wir merken also: Das Wort Jesu »Ich bin der wahre Weinstock« ist ein hintergründiges Wort. Es hat eine dreifache Bedeutung: Jesus, der wahre Vertreter des Gottesvolkes; Jesus, der wahre Dionysos; Jesus, der wahre Lebensbaum.

Die Reben

Und nun zu den Reben. Damit sind Menschen gemeint, die mit Jesus verbunden sind. Unser Text macht deutlich, daß es zwei Sorten von Reben gibt, d.h. zwei Sorten von Menschen. Es gibt Menschen, die haben nur den »Schein« von echten Reben. Sie sehen aus wie Reben, aber sie bringen keine Frucht. Und es gibt Menschen, die sind so mit dem Weinstock verwurzelt und verbunden, daß sie Frucht bringen. Von den Scheinchristen sagt Paulus im 2. Timoteusbrief (3,5): »Diese Menschen haben den Schein der Frömmigkeit, aber die Kraft haben sie nicht.« Die »Kraft« ist der Geist Jesu. Der Unterschied zwischen einem Scheinchristen und einem echten Nachfolger Jesu besteht darin, daß der eine den Geist Jesu an sich und durch sich wirken läßt, der andere nicht. Wer den Geist Christi nicht hat, der ist nicht mit ihm verbunden, sagt Paulus im Römerbrief (8,9), und unser Text sagt: Ohne Verbindung mit dem wahren Weinstock ist unser Tun nichts wert. Das meint Jesus, wenn er sagt: »Ohne mich könnt ihr nichts vollbringen.«

Nun müssen wir aber aufpassen, daß wir uns nicht als Richter aufspielen und beurteilen, wer mit dem Weinstock verbunden ist und wer nicht! Gott ist der Weinbauer und nicht wir. Wir Menschen sind Reben und können nicht feststellen, wer Frucht bringt und wer nicht. Das kann nur der Weinbauer. Das Urteil – auch über uns selber – müssen wir also Gott überlassen.

Wer sind nun die Reben, die Frucht bringen? Es sind Menschen, die mit Jesus verbunden »bleiben«. Auf das »Bleiben« im Weinstock kommt es also an. Was heißt das? Jesus ist das Urbild des wahren Menschen. Er ist unser wahres *Selbst.* Jesus lebt in jedem einzelnen von uns als das Bild, in das wir umgestaltet werden sollen. Er ist das Bild, in dem unsere Ganzheit zum Ausdruck gebracht wird. In diesem Bild ist alles, was zu uns gehört, vereint – das, was wir von uns wissen und das, was wir nicht von uns wissen.

Indem wir nun in eine dynamische Beziehung zu diesem inneren Jesusbild treten, erweist es seine prägende und umgestaltende

Kraft, so daß wir allmählich in das Bild dieses inneren Christus, d.h. unseres wahren Selbst verwandelt werden. Die Art und Weise, wie Menschen mit diesem inneren Christus verbunden bleiben, ist recht verschieden. Es gibt Menschen, die haben eine »mystische« Verbundenheit mit Christus, d.h. sie haben ein inneres Wissen, daß Jesus in ihnen lebt, daß er da ist. Sie wissen und erleben, daß sie mit ihm verbunden sind. So schreibt z.B. der Apostel Paulus:

»Ich lebe, aber nicht mehr ich, sondern Christus lebt in mir« (Gal 2,20).

Aus dieser Verbundenheit mit Jesus heraus leben sie und tun das, wozu sie der Geist Christi anstiftet. Solche Menschen achten in der Regel auch auf ihre Träume, in denen sie immer wieder Impulse des Geistes Jesu erkennen, der sie zur Ganzheit führen will.
Es gibt andere Menschen, die haben eine »geordnete« Verbundenheit mit Jesus. Sie brauchen bestimmte Zeiten für Gebet und Meditation, für Bibellesen oder Gottesdienst. Es sind Menschen, die einem Autofahrer gleichen. Sie tanken auf, dann fahren sie, und wenn sie merken, daß der Treibstoff ausgeht, tanken sie wieder auf, um dann wieder zu fahren. Es ist ein Rhythmus zwischen Auftanken und Weiterfahren. Die »geordnete« Verbundenheit mit Jesus ist für viele Menschen eine hilfreiche Art und Weise, wie sie im Weinstock bleiben können – für viele, aber nicht für alle.
Es gibt noch eine dritte Art von Menschen. Sie empfinden wenig von einer »mystischen« Verbundenheit mit Jesus. Sie haben auch Mühe mit dem »geordneten« Beten oder Bibellesen. Sie haben vielleicht auch Mühe mit manchen Glaubenslehren, aber sie tun das, was ihnen vor die Füße gelegt ist. Sie sehen die Nöte des anderen und helfen. Es sind die Menschen, von denen in Matthäus 25 gesagt wird, daß sie sich darüber wundern, daß sie überhaupt etwas Wesentliches getan haben! Es war für sie einfach selbstverständlich, was sie taten. Solche Menschen haben eine »diakonische« Verbundenheit mit Jesus.

Alle drei Arten des Bleibens im Weinstock sind gleichwertig: die »mystische« Verbundenheit, die »geordnete« Verbundenheit und die »diakonische« Verbundenheit mit Jesus. Beim einen ist die eine Art mehr ausgeprägt, beim andern die andere, oder es gilt für einen Lebensabschnitt die eine Art des »Bleibens«, für einen anderen Lebensabschnitt die andere. Wir können nicht festlegen, wie beim andern die Verbundenheit mit Jesus aussehen muß. Wichtig ist, daß wir mit dem wahren Weinstock verbunden bleiben, und zwar auf die Art und Weise, die uns persönlich entspricht.

Nun wird aber von den Reben, die Frucht bringen, noch ein Zweites gesagt: Gott reinigt sie, damit sie mehr Frucht bringen. So, wie die Reben »gereinigt« werden, indem der Weinbauer die überschüssigen Schößlinge und Blätter entfernt, damit der Saft des Weinstockes der Frucht zugute kommt, so werden auch die Menschen, die Frucht bringen, von Gott »gereinigt«. Gott weiß, was an ihrem Leben fruchtbar ist und was nicht. Wer Frucht bringen will, kann nicht noch alles mögliche außerdem tun. Er kann nicht auch noch an allen möglichen Stellen ins Kraut schießen. Das wird Gott nicht zulassen. Gott wird bei einem Menschen, der Frucht bringt, all das, was zu sehr »ins Kraut schießt«, wegnehmen. Und zwar wird er das ganz allmählich tun – nicht auf einmal. Eine wesentliche Aufgabe anpacken heißt: auf manches andere verzichten, was vielleicht auch gut ist, aber Kraft wegnimmt, die für die Frucht gebraucht wird.

So steht dieses Gleichnis vom Weinstock und den Reben vor uns und erinnert uns an das, was wesentlich im Leben ist und was nicht. Wesentlich ist die Verbindung mit dem Weinstock, mit dem Christus in uns, der unser wahres Selbst ist. Durch diese Verbindung wird unser Leben fruchtbar, und wir erfüllen die Aufgabe, für die wir auf dieser Erde sind.

Wie ein Adler

Worum geht es im Christenleben? Was ist wesentlich? Wesentlich ist, daß wir zum Menschsein heranreifen, das heißt, daß wir uns in das Bild gestalten lassen, das Gott in uns hineingelegt hat, oder biblisch ausgedrückt, daß wir Christus ähnlich werden. Ich möchte jetzt ein biblisches Symbol vor unsere inneren Augen malen, das uns zeigen soll, worum es geht – das Symbol des Adlers. Dabei möchte ich vier biblische Aussagen herausgreifen:

Einen neuen Anfang wagen

Zunächst eine erste Aussage aus dem Buch der Psalmen:

»Der deinen Mund fröhlich macht und du wieder jung wirst wie ein Adler« (Psalm 103,5).

Was bedeutet das, wenn hier gesagt wird »jung wie ein Adler«? Es gibt doch auch alte Adler! Hinter der Aussage »wieder jung werden wie ein Adler« steht die in alten Zeiten verbreitete Vorstellung, daß der Adler von Zeit zu Zeit nicht nur sein Federkleid erneuert, sondern – ähnlich wie der Phönix – auch sich selber. Eine Legende besagt, daß der alte Adler bis in die Nähe der Sonne fliegt, so daß sein Federkleid Feuer fängt und verbrennt. Gleich darauf stürzt er sich aus der Höhe hinab ins Wasser. Durch diese Erfahrung von Feuer und Wasser wird der Adler erneuert und verjüngt. In dieser Legende begegnet uns die bekannte Symbolik von Feuer und Wasser, die wir z.B. durch Mozarts Zauberflöte kennen. Dort müssen Tamino und Pamina durch Feuer und Wasser gehen. Und beim Propheten Jesaja (43,2) lesen wir: »Wenn du durchs Wasser gehst, will ich bei dir sein, daß dich die Ströme nicht ersäufen und wenn du durchs Feuer gehst, sollst du nicht verbrennen.« Im Buch der Psalmen (66,12) wenden sich die Geretteten an Gott und sprechen: »Wir sind in Feuer und Wasser geraten. Aber du hast uns herausgeführt und uns erquickt.« Auch im Neuen Testament begegnet uns diese Symbolik. Dort ist von der Wasser- und Feuertaufe die Rede, die die neue Geburt bewirkt. Das heißt also, daß der mit Feuer und Wasser getaufte Mensch »wieder jung wird wie ein Adler«.

»Wieder jung werden« heißt, daß Altes in den Tod gegeben wird und Neues aufersteht. Und was ist das Alte, das in den Tod gegeben werden soll? Es sind zunächst alle Einseitigkeiten, dann aber auch die falschen und lebenshemmenden Gewohnheiten, die sich in unserem Leben eingeschliffen haben, und schließlich ist es auch das einstmals Gute und Bewährte, das unterdessen verbraucht und ausgeleiert ist. All das gilt es, immer wieder in den Tod zu geben, damit Neues auferstehen und integriert werden kann. »Wieder jung werden wie ein Adler« heißt also: immer wieder einen neuen Anfang wagen. Feuer und Wasser sind Gegensätze. Feuer ist Symbol für den Bereich des Himmels, für das Bewußte, für die männlichen Persönlichkeitsanteile. Wasser dagegen ist Symbol für den Bereich des Irdischen, für das Unbewußte, für die weiblichen Persönlichkeitsanteile. Eine Taufe mit Wasser und Feuer bedeutet also Vereinigung der Gegensätze. Neue Geburt geschieht dort, wo in uns das Himmlische und das Irdische, das Bewußte und das Unbewußte, das Männliche und das Weibliche vereinigt werden.

Eigenständig werden

Eine zweite Aussage aus dem 5. Buch Mose (32,11):

»Wie ein Adler seine Jungen zum Flug aufstört und über seinen Jungen schwebt, so breitete Gott seine Flügel aus und nahm sein Volk und trug es auf seinen Fittichen.«

Welche Vorstellung steht hinter diesem Satz? Es ist davon die Rede, daß ein Adler über seinen Jungen schwebt, daß er seine Jungen zum Flug aufstört und daß er sie auf seinen Flügeln trägt. Was ist damit gemeint? Ein Adler baut ein festes Nest. In diesem Nest sitzen die Jungen und werden von ihrer Mutter gefüttert – wie alle anderen Vögel. Eines Tages bringt die Mutter kein Futter, sondern schwebt eine Zeitlang über den jungen Adlern, so daß die Jungen einen Eindruck von ihren starken Flügeln und der Möglichkeit des Fliegens gewinnen. Und dann macht die Mutter folgendes: Sie fängt an, einen kleinen Adler an den Rand des Nestes zu schubsen – sie stört das Junge auf, bis es über den Rand des Nestes hinausfällt. Aber das Junge fällt nicht in die Tiefe, sondern die Mutter schießt herab, breitet die Flügel aus und fängt das fallende Junge, das seine Flügel noch nicht richtig gebrauchen kann, mit ihren Flügeln auf. Es ist eine große Mutprobe, die die jungen Adler hier durchmachen, aber es ist alles gut vorbereitet: das Schweben über den Jungen, das Aufstören und das Auffangen mit den Flügeln. Der Adler wiederholt diesen Vorgang mehrmals, und die jungen Adler lernen dabei, der Tragfähigkeit ihrer eigenen Flügel zu vertrauen und selber zu fliegen. Nach einiger Zeit beginnt dann der Adler, das geflochtene Nest auseinanderzureißen, so daß die Jungen nicht mehr dorthin zurückkehren können, sondern genötigt werden, eigenständig zu werden. Wir haben hier also einen dreifachen Vorgang: Der Adler schwebt über seinen Jungen, er stört sie zum Flug auf, und er trägt sie auf seinen Flügeln.

Wenn es bei der ersten Aussage um die Wiedergeburt und das Neuwerden ging, um das »wieder jung werden wie ein Adler«, geht es in der zweiten Aussage um das eigenständig Werden. Die Erziehung eines Christen besteht darin, daß Gott uns immer wieder in Situationen bringt, in denen wir geneigt sind zu sagen: »Das geht über meine Kraft, das geht über meine Möglichkeiten!« Wir meinen, daß das, was Gott uns zumutet, unser Untergang sei – und doch machen wir die Erfahrung, daß wir nicht fallen, sondern aufgefangen und getragen werden und dabei fliegen lernen. Eine Aufgabe, die wir anpacken, sollte immer etwas größer sein, als wir es uns zutrauen. Nur so geschieht Wachstum! Nur so werden wir »eigenständig«.

Vertrauen lernen

Und nun eine dritte Aussage aus dem Buch Jesaja (40,31):

»Die da harren auf Gott, kriegen neue Kraft, daß sie auffahren mit Flügeln wie Adler.«

Wie fahren Adler mit Flügeln auf? Adler haben eine besondere Art zu fliegen: Sie fliegen nicht mit eigener Anstrengung, nicht mit Flügelgeflatter, sondern sie lassen sich vom Wind tragen. Adler haben einen sicheren Instinkt für Windströmungen. Sie vertrauen sich dem Wind an und lassen sich von ihm in die Höhe tragen. Weht der Wind sanft, dann segelt der Adler sanft. Bläst der Wind stürmisch, dann jagen die Adler in stürmischem Flug dahin. Adler haben keine Angst vor dem Sturm, sondern sie lassen sich gerne von ihm in die Höhe tragen.
Hier haben wir das Bild eines Menschen vor uns, der gelernt hat, sich von Gott leiten zu lassen. Der Wind ist sowohl im Alten als auch im Neuen Testament Symbol für den Heiligen Geist. Gereifte Christen lassen sich vom Geist Gottes bewegen. Unreife Christen gleichen nicht dem Adler, sondern Hühnern, die aufgeregt mit den Flügeln schlagen und viel Wind machen und dabei

kaum vom Fleck kommen. Solche Christen meinen, das Eigentliche des Christenlebens bestehe darin, daß man möglichst aktiv ist und möglichst viel Wind macht. Das ist jedoch das Kennzeichen eines unreifen Christen. Der reife Christ dagegen kann auf das Wehen des Geistes warten und sich dann ohne großes Flügelschlagen dem Wind Gottes anvertrauen. Reife Christen sind Menschen, die auf Gott harren. Das Wort »harren« ist ein altertümliches Wort, aber es ist ein großartiges Wort. Wer »harrt«, bleibt fest stehen, bewegt sich solange nicht von der Stelle, bis der Geist Gottes ihn bewegt. Gereifte Christen greifen Gott nicht vor, sondern sie warten mit gespannter Aufmerksamkeit auf den Wind des Geistes, dem sie sich anvertrauen. Sie lassen sich von Gottes Geist dorthin tragen, wo Gott sie haben will. Das »Harren auf Gott« ist keine Sache für Anfänger. Unreife Christen können das nicht. Harren setzt eine lange Erziehung voraus und ein gereiftes Vertrauen. Es gründet sich auf die aus der Erfahrung gewonnene Überzeugung, daß nicht das wesentlich ist, was wir tun, sondern das, was wir Gott an uns und durch uns tun lassen.

Lieben lernen

Und nun noch eine vierte Aussage. Im vierten Kapitel der Johannesoffenbarung wird uns der Thron Gottes vor Augen gemalt. Dabei werden uns vier himmlische Gestalten gezeigt, die sich rings um den Thron Gottes bewegen. Von diesen vier Gestalten wird gesagt:

»Die erste Gestalt glich einem Löwen, die zweite Gestalt glich einem Stier, die dritte Gestalt sah aus wie ein Mensch und die vierte Gestalt glich einem fliegenden Adler« (Offb 4,7).

Man kann diese vier Gestalten verschieden deuten. Ich möchte hier nur eine Deutung aufgreifen. Seit alters hat die Kirche in diesen vier Gestalten Symbole der vier Evangelisten gesehen. Dabei ist der Löwe das Symbol des Markus, der Stier ist dem Lukas zugeordnet und der Mensch dem Matthäus. Das Symbol des Johannes ist der Adler. Johannes war in seinen jungen Jahren ein Hitzkopf. So wollte er z.B. zusammen mit seinem Bruder Jakobus ein Dorf in Samarien mit Feuer vernichten, nur weil die Dorfbewohner Jesus und seine Jünger nicht gastfreundlich aufgenommen haben.[79] Jesus hat Johannes einen »Donnersohn«[80] genannt. Später wurde Johannes zum Apostel der Liebe, der einen eindrücklichen Brief über das Thema »Liebe« geschrieben hat[81] und von dem berichtet wird, daß er im hohen Alter immer wieder den einen Satz wiederholte: »Kindlein, liebet einander.«[82] Dem Johannes, der aus einem vergeltungssüchtigen Hitzkopf zum Apostel der Liebe herangereift ist, dem hat die Kirche das Symbol des Adlers zugeordnet. Warum wohl? Der Adler ist auf der einen Seite ein Raubvogel, der Leben vernichtet, auf der anderen Seite ist er ein göttliches und väterliches Symbol. Im Symbol des Adlers ist Dunkles und Helles, Hartes und Weiches, Starkes und Zartes vereinigt.

Ich hatte einmal Gelegenheit, bei der Aufrichtung eines indianischen Totempfahles mit dabei zu sein. Im Rahmen einer feierlichen Zeremonie wurde der starke und harte Totempfahl, an dessen Spitze ein Donnervogel angebracht war, mit Adlerdaunen bestreut. Ich fragte den Schamanen, der diese Zeremonie vornahm: Warum gerade Adlerdaunen? Er meinte: »Es gibt nichts, was so zart ist wie Adlerdaunen.« Da wurde mir deutlich: Das Starke und das Zarte kommen zusammen und bilden eine neue Einheit – eine Ganzheit. Nach der Aufrichtung des Totempfahles schenkte mir eine Indianerfrau einen Lederbeutel. Als ich ihn öffnete, entdeckte ich darin einen harten Raubtierzahn und einige Adlerdaunen. Auf dem Lederbeutel war ein Kreuz eingebrannt. Und wieder wurde mir deutlich: Es geht um die Vereinigung der Gegensätze. Wahre Liebe ist weder hart noch weich, sondern sie ist beides zugleich. Sie ist stark in der Zartheit und zart in der Stärke. Ich verstehe deshalb, daß das Symbol des Adlers dem Johannes zugeordnet wird.

Der Sinn und das Ziel unseres Lebens besteht darin, daß wir zum Menschsein heranreifen und damit reif werden für die Ewigkeit. Das Symbol des Adlers kann uns dabei helfen zu verstehen, worum es geht: Es geht darum, daß wir immer wieder einen neuen Anfang wagen, daß wir eigenständig werden, daß wir lernen, dem Geist Gottes zu vertrauen und vor allem geht es darum, daß wir lieben lernen.

Lieben lernen – wie macht man das?

Woran erkennt man eine Nachfolgerin und einen Nachfolger Jesu? Jesus antwortet auf diese Frage: *»Daran wird jedermann erkennen, daß ihr meine Nachfolger seid, wenn ihr Liebe untereinander habt« (Joh 13,35).* Was heißt »Liebe«? Und wie können wir lernen zu lieben? Der Apostel Paulus sagt es uns in seinem 1. Korintherbrief:

»Die Liebe verhält sich langmütig und gütig. Die Liebe eifert nicht, sie prahlt nicht, sie bläst sich nicht auf, sie verletzt nicht die Form, sie sucht nicht den eigenen Vorteil. Die Liebe läßt sich nicht aufreizen, sie rechnet das Böse nicht nach. Sie freut sich nicht über Ungerechtigkeiten, sie freut sich aber mit der Wahrheit. Die Liebe trägt alles, sie vertraut in allem, sie hofft in allen Situationen, sie hält in allem durch« (1 Kor 13,4-7).

Wenn wir eine solche Liste lesen, in der beschrieben ist, was die Liebe tut bzw. nicht tut, dann besteht eine doppelte Gefahr. Die erste Gefahr ist, daß wir resignieren und sagen: »So können wir nicht leben, das ist ein unerreichbares Vorbild!« Die zweite Gefahr besteht darin, daß wir meinen, wir müßten uns jetzt kräftig anstrengen und versuchen, eine solche Liebe, wie sie hier beschrieben ist, zu produzieren. Das können wir aber nicht. Es gibt jedoch eine dritte Möglichkeit, diesen Text zu betrachten, nämlich zu fragen: »Warum leben wir nicht so, wie es hier beschrieben ist! Was sind die Hintergründe unseres Scheiterns?« Dabei ist es wichtig, daß wir ganz ehrlich sind. Wir können es uns leisten, ehrlich zu sein, weil unsere Liebe und unser Liebenkönnen nicht die Voraussetzung für Gottes Gnade sind. Im Gegenteil, die Gnade Gottes ist das bedingungslose Ja Gottes zu uns. Wie auch immer wir uns verhalten, Gott sagt ja zu uns. Über allem, was

wir tun und lassen, steht Gottes vergebende und akzeptierende Gnade, die uns zur Liebe befreit. Sie allein bewirkt auch die Einsicht in die Hintergründe unseres Versagens, und sie allein schafft die Möglichkeit der Veränderung. Diese Tatsache dürfen wir nie vergessen, wenn wir uns nun im einzelnen fragen, was dieser Text uns sagt.
Paulus beschreibt in diesem Text das Wesen der Liebe mit lauter Tätigkeitswörtern. Das ist in den deutschen Übersetzungen nicht immer deutlich – im Griechischen ist es klar. Er sagt also, wie die Liebe sich verhält, bzw. wie sie sich nicht verhält. Wir wollen jetzt diese Tätigkeitswörter im einzelnen studieren.

Kanalisierte Kraft

Die Liebe verhält sich *langmütig* und *gütig* – das sind zwei Ausdrücke, die wir als Überschrift über den ganzen Abschnitt setzen können: »Die Liebe verhält sich *langmütig* und *gütig*.« Das erste Wort ist sehr interessant. Es setzt sich zusammen aus »lang« und »mütig«, griechisch makro-thymos. Es enthält also zunächst das Wort »thymos«. Das bedeutet im Griechischen »starke Aufwallung, Zornesausbruch, Wut, heißer Dampf« – also genau das Gegenteil von dem, was wir unter Liebe verstehen. Aber jetzt wird dieses Wort zusammengenommen mit dem Wort »makros« (lang), d.h. der »heiße Dampf« wird in die Länge gezogen. Als ich über dieses Wort nachgedacht habe, kam mir eine Dampfmaschine in den Sinn. Dort ist es ja auch so, daß der heiße Dampf durch Röhren in die Länge gezogen wird, so daß die Kraft nicht einfach verpufft, sondern kanalisiert wird, um eine sinnvolle Tätigkeit auszuüben. Das finde ich ein großartiges Bild für die Liebe! Die Liebe ist kanalisierte Kraft, die etwas Sinnvolles bewirkt.
Das zweite Wort »gütig« hat im Griechischen nicht den Beigeschmack von »mild« oder »sanft«, sondern es kommt von der Wur-

zel »brauchbar«. Wir gebrauchen das Wort »Güte« auch noch in diesem Sinne, wenn wir etwa von der Güte einer Ware sprechen, d.h. die Ware ist brauchbar für den Zweck, dem sie dienen soll.
In dieser Überschrift wird uns also gesagt: Liebe ist kanalisierte Kraft, die für die Praxis des Alltags brauchbar ist. Liebe ist nicht etwas, was man mit abstrakten Begriffen beschreiben kann, sondern sie ist eine Dynamik für den Alltag.

Schatten-Reaktionen

Nun wirkt sich aber im allgemeinen diese kanalisierte Kraft in unserem Alltag nicht so aus, wie sie sich eigentlich auswirken sollte und könnte. Und das hat mit Bremsen zu tun, die in uns sind, mit Schatten-Aspekten in uns, die sich als Bremsen auswirken. Paulus zählt nun einige solcher Bremsen auf:
Da ist zunächst das *Eifern.* Dieses Wort heißt »siedend heiß sein«, also wieder die unkanalisierte Kraft. Es ist die Haltung eines Fanatikers, der meint, er müßte seine Meinung und seine Erkenntnis unter allen Umständen durchsetzen. Vielleicht kennen wir solche Leute, die z.B. meinen, sie müßten ihre Form des Christentums anderen aufschwätzen; die meinen, sie allein hätten recht. Sie sind mit Eifer bemüht, das, was sie erkannt haben, anderen aufzudrängen. Wir müssen jedoch aufpassen, daß wir jetzt nicht alle möglichen anderen Menschen im Auge haben und sagen: »Die sind so, jene sind so!« Vielmehr gilt es zu fragen, wo ist bei mir die Gefahr des Eiferns? Gibt es auch bei mir einen Punkt, wo ich meine, ich müßte meine Meinung unter allen Umständen durchsetzen? Wenn wir einen solchen Punkt gefunden haben, gilt es weiterhin zu fragen: Was steckt dahinter? Steckt vielleicht eine Unsicherheit dahinter, die ich durch mein Eifern abzuwehren suche? Die Eiferer sind nämlich gar nicht die Sicheren, sondern es sind die Unsicheren, die ihre innere Unsicherheit durch eine nach außen gespielte Überlegenheit zu verdecken

suchen. Es wäre ein großer Gewinn, wenn wir beim Nachdenken über das »Eifern« einer solchen Unsicherheit in unserem Leben auf die Spur kommen würden.
Die nächste Bremse ist das *Prahlen*. Beim Prahlen sage ich zwar etwas Richtiges, aber ich sage es in einer Art und Weise, die der Sache nicht angemessen ist. Ich stelle etwas in ungebührlicher Weise zur Schau. Vielleicht kennen wir Leute, die sich immer wieder ins Rampenlicht stellen müssen durch ein bestimmtes Auftreten oder Reden. Sie müssen bestimmte Dinge betonen, die sie getan oder geleistet haben. Ob es auch bei uns ein solches »Prahlen« gibt? Dann gilt es zu fragen: »Was steckt eigentlich dahinter, wenn ich meine, ich müßte etwas betonen und besonders herauskehren? Könnte es sein, daß ich in meinem Leben nicht genug Bestätigung bekommen habe, vielleicht als Kind? Oder, daß ich den Eindruck habe, ich würde nicht genügend beachtet, so daß ich meine Bedeutung deutlicher ins Rampenlicht stellen muß?« Es ist gut, wenn wir einen Menschen haben, der uns immer wieder aufmerksam macht, wenn wir in ein solches »Prahlen« kommen, damit wir uns dann die Fragen nach den Ursachen dieser »Bremse« für die Liebe stellen können.
Eine Steigerung des Prahlens ist das *Aufblasen*. Hier gebraucht Paulus ein lautmalendes griechisches Wort: »physao«, welches das Geräusch des Blasens nachahmt. Aufgeblasenheit besteht somit darin, daß ich in eine Sache solange hineinblase, bis sie größer ist, als sie sein sollte. Aufgeblasenheit ist Übertreibung. Ich meine, ich müßte etwas, was ich erlebt oder gehört habe, so aufblasen und so darstellen, daß es zwar nicht mehr stimmt, aber dafür in den Augen der anderen bedeutsam erscheint. Warum habe ich das nötig?
Es gibt eine ganz raffinierte Form der Aufgeblasenheit. Ich nehme z.B. eine Verletzung oder Kränkung eines anderen Menschen wahr und stelle fest, daß der betreffende Mensch an einer Stelle verletzt ist, wo auch ich eine ähnliche Verletzung oder Kränkung erfahren habe. Nun hänge ich die Verwundung, die in mir ist, dem anderen an und blase somit sein Problem auf. Vielleicht ist das Problem des anderen gar nicht so groß und könnte gut be-

handelt werden. Aber dadurch, daß ich meine Verletzung an sein Problem anhänge, wird das Ganze aufgeblasen. Das ist eine ganz raffinierte Methode des Aufblasens, die man meistens gar nicht merkt. Sie ist aber recht schädlich, und wir müssen ihr deshalb auf die Spur kommen.

Als Viertes nennt Paulus die *Taktlosigkeit.* Das ist die Verletzung der Form, das »Sich-nicht-Einfügen-Können«. Dieser Schattenseite sind wir uns meistens sehr wenig bewußt. Oft merken wir gar nicht, wie taktlos wir sind. Vielleicht meinen wir sogar, wir würden recht originell wirken, wenn wir uns in einer bestimmten Weise verhalten, und wir merken gar nicht, daß wir wie ein Elefant im Porzellanladen herumtappen. Und wieder kann eine solche Bremse ein Tor zur Selbsterkenntnis werden. Wir fragen uns: »Was steckt dahinter, wenn wir uns so benehmen? Warum haben wir es nötig, uns so ›originell‹ – in Wirklichkeit aber taktlos – zu verhalten?«

Paulus faßt diese vier Bremsen in einer fünften positiven Aussage zusammen: *»Die Liebe sucht nicht das Ihre«,* d.h. sie ist nicht selbstsüchtig. Das Eifern, das Prahlen, das Übertreiben, das Taktlossein, das alles sind Ausdrucksformen der Selbstsucht. Ich suche mehr für mich selbst, weil ich mich irgendwo benachteiligt fühle. Ich suche durch ein bestimmtes Verhalten Anerkennung für mich selbst. Hier gilt es ebenfalls aufzupassen. Das Gegenteil von Selbstsucht ist nämlich nicht die Selbstverachtung, sondern die Liebe, die den anderen sucht. Wer sich selbst verachtet, wer sich selbst nicht akzeptiert, der kann überhaupt nicht lieben! Nur derjenige, der sich zunächst einmal selber liebt, sich selbst akzeptiert, der wird fähig, andere zu lieben. Ich suche ja mehr für mich selbst, weil ich mich nicht liebe, weil ich mich nicht so annehmen kann, wie ich bin. Wieder gilt es zu fragen: »Woher kommt dieser Mangel in meinem Leben, dieses Vakuum, das alles auf sich selber zieht und ansaugt?«

Das wird eine interessante Entdeckungsreise, wenn wir diesen Abschnitt des ersten Korintherbriefes so lesen, daß wir nach den Hintergründen unseres Fehlverhaltens fragen und nicht an den Symptomen herumoperieren.

Das war also die erste Gruppe von Tätigkeitswörtern, die Paulus aufzählt. Es sind Schattenreaktionen oder Bremsen, die in uns selber sind und die den Fluß der Liebe hindern.

»Reizende« Mitmenschen

Eine zweite Aussagereihe hat mit Reaktionen zu tun, die in uns wachgerufen werden, wenn wir anderen Menschen begegnen. Durch das Verhalten von anderen Menschen werden in uns Reaktionen wachgerufen, die sich ebenfalls bremsend auf die Liebe auswirken.
Ein erster Ausdruck lautet: *»Die Liebe läßt sich nicht aufreizen.«* Aufreizen heißt »scharf reagieren, bitter werden«. Wenn ein anderer sich in einer bestimmten Weise verhält oder wenn er in einer bestimmten Weise etwas sagt, reagieren wir gereizt. Wir wissen natürlich, daß das, was uns aufreizt, unsere eigene Schattenseite ist (d.h. hoffentlich wissen wir es, wenn nicht, dann müssen wir es lernen!). Deshalb gilt es zu fragen: »Warum reizt mich das, was der andere tut? Könnte es sein, daß er sich so verhält, wie ich mich auch gern verhalten würde, es aber nicht wage, oder es mir nicht zugestehe?« Die Pharisäer ließen sich von Jesus aufreizen. Sie ärgerten sich bei Jesus vor allem darüber, daß er anders lebte als sie selber, daß er etwas tat, was sie im Grunde genommen auch gern getan hätten, aber sich nicht zugestanden. Jesus reizte sie auf, weil er freier lebte als sie. In gesetzlichen Kreisen, in denen bestimmte Regeln und Vorschriften gelten, ist ein Mensch, der nicht gesetzlich lebt oder wenigstens nicht in der Weise gesetzlich lebt, wie es dort üblich ist, unerhört aufreizend. Er ist kaum erträglich, weil er nämlich die ungelebte ungesetzliche Seite in den Gesetzlichen wachruft. Daß es einen »einfacheren« Weg gibt als den Weg der Gesetzeserfüllung, nämlich den Weg, den Jesus gegangen ist, das war für die Pharisäer unerhört aufreizend. Wenn uns also ein Mensch auf die Nerven

geht, wenn er uns aufreizt, gilt es zu fragen: »Warum ärgert mich das?« Und wieder ist das eine wunderbare Möglichkeit, dem eigenen Schatten auf die Spur zu kommen. Es gilt jedoch auch, eine zweite Frage zu stellen, nämlich: »Warum sind ausgerechnet mir solche Menschen an den Lebensweg gestellt, warum begegnen mir ständig Menschen, die mich aufreizen? Hat das vielleicht den Sinn, daß ich lernen soll, auch solchen Menschen gegenüber die Nerven zu behalten und zu lernen, mit solchen Menschen recht umzugehen?« Es könnte ja sein, daß solche »reizenden« Menschen eine der besten Gaben Gottes für uns sind, für die wir recht dankbar sein sollten, weil wir gerade im Umgang mit ihnen neue Verhaltensweisen entwickeln können.
Eine weitere Aussage heißt: *»Die Liebe rechnet das Böse nicht nach«*. Es gibt Menschen, die tun uns Böses an. Als Christen »vergeben« wir selbstverständlich. Doch nach einiger Zeit tut uns der betreffende Mensch wieder dasselbe an, und sofort reagieren wir: »Jetzt tut er es schon wieder!« Wir merken, die Vergebung war anscheinend nicht so wirksam, daß sie dieses »schon wieder« ausgestrichen hätte, wir erinnern uns an das erste Mal! Und dann tut er es ein drittes Mal. Jetzt kommt die Aufgeblasenheit dazu, und wir sagen: »Jetzt tut er das schon zum fünften Mal!« Anscheinend ist die Vergebung nicht so wirksam, daß sie das »Nachrechnen« verhindert. Und wieder gilt es zu fragen: »Wie kommt es, daß ein Mensch ausgerechnet uns immer wieder solche Dinge antut, bzw. daß wir uns gerade durch diesen Menschen verletzt fühlen? Vielleicht weiß er gar nicht, was er tut!« Warum müssen wir eine solche Liste führen? Was steckt dahinter? Es könnte ja sein, daß Schadenfreude dahintersteckt, oder daß ich mir besser vorkomme. Vielleicht sollen wir auch durch diesen Menschen, der uns an den Weg gestellt ist, lernen, was Vergebung heißt. Das wäre dann eine Einübung in das nicht nur »siebenmal Vergeben«, sondern in das »siebzigmal siebenmal«[83] Vergeben, und das bedeutet nicht 490mal vergeben, sondern es bedeutet, mit dem Nachrechnen aufzuhören.
Ich kenne einen Menschen, dem ich gerne begegne, weil er aufgehört hat nachzurechnen. Ich habe bei ihm immer den Eindruck,

daß er mir jeweils völlig neu begegnet. Ich weiß zwar genau, daß ich ihm schon mehrmals auf die Füße getreten bin, aber er rechnet es mir nicht nach. Ich kann deshalb frei atmen, wenn ich ihm begegne. Das ist schön, und das ist befreiend.
Ein Drittes: *»Die Liebe freut sich nicht über die Ungerechtigkeit.«* Die Freude über die Ungerechtigkeit ist ein sehr bekanntes Phänomen und ein sehr beliebter Gesprächsstoff. Manche Gesprächskreise würden ihren Gesprächsstoff verlieren, wenn sie mit dieser Aussage des Paulus ernst machen würden. Sich über das freuen, was der andere falsch gemacht hat, das kann man ganz brutal tun, indem man es so richtig schadenfroh ausbreitet. Man kann es aber auch »besorgt« tun und etwa sagen: »Hast du schon gehört, was jener getan hat? Wie muß seine Frau darunter leiden!« Man kann es sogar »verlogen« tun, z.B. in ein Fürbitteanliegen einpacken oder sagen: »Für jenen Menschen muß man beten, denn er hat das und das getan.« Oft ist solche Besorgnis nichts weiter als Klatsch und »Freude über die Ungerechtigkeit«, d.h. Freude über das, was der andere falsch macht. Was steckt hinter einer solchen »Freude«? Vielleicht meinen wir, daß wir selber durch die Fehler des anderen in ein besseres Licht gerückt werden. Oft fühlt sich ein ganzer Kreis erhaben über diejenigen, die durch den Kakao gezogen werden. Warum habe ich es nötig, in einem besseren Licht zu erscheinen? Weiß ich in der Tiefe meines Herzens, daß ich auch nicht besser bin als derjenige, über dessen Unrecht ich mich freue? Es gibt keine Schandtat in der ganzen Welt, zu der nicht auch in meinem Herzen eine Veranlagung vorhanden wäre. Sind wir so sicher, daß wir nicht genauso handeln würden wie jener, über dessen Unrecht wir uns freuen, wenn wir in seiner Situation wären?
Nun kommt eine positive Aussage: *»Die Liebe freut sich mit der Wahrheit.«* Es gibt im Nächsten auch Gutes und Helles, das zum Durchbruch kommt. Durch die Freude an dem, was wir beim anderen an Schönem entdecken, geschieht ein Doppeltes. Es werden zunächst die hellen Bereiche im andern gestärkt. Wenn nämlich ein Mensch merkt, daß andere sich über sein Verhalten freuen, dann wird er sich bemühen, dieses Verhalten zu fördern.

Wir Menschen haben es nämlich gerne, wenn sich andere über uns freuen. Es bewirkt aber auch ein Zweites: Indem wir uns freuen über das, was bei andern an Hellem zum Durchbruch kommt, werden gleichzeitig die hellen Bereiche in uns selber wachgerufen und gestärkt. Wir tun also auch uns etwas Gutes, wenn wir uns über das Gute bei anderen freuen. Das ist das Wesen einer christlichen Gemeinde, in der die Liebe Gottes zum Durchbruch kommt, daß sich einer über die Gaben des anderen freut!

Der »dunkle« Gott

Und nun noch ein Wort zu den letzten vier Ausdrücken. Wir haben im ersten Abschnitt das Dunkel kennengelernt, das in uns selber die Liebe bremst. Wir haben im zweiten Abschnitt von dem Dunkel gesprochen (und auch vom Hellen!), das durch den Nächsten in uns wachgerufen wird. Im dritten Abschnitt geht es um die Begegnung mit Gott.

Hier heißt es zunächst, *»die Liebe trägt alles«*. Gott legt uns manchmal Lasten auf, die nicht leicht zu tragen sind und gegen die wir uns auflehnen. Das griechische Wort für »tragen« heißt »decken«, d.h. die Liebe deckt Gott gegenüber seinen Anklägern und trägt das, was ihr auferlegt ist. Das ist leichter gesagt als getan. Ich erinnere an das, was wir oben zum Buch Hiob gesagt haben: Da ist zunächst die Frau des Hiob, die Gott nicht deckt, die die Last nicht trägt, sondern die zu Hiob sagt: »Sag Gott ab und stirb!« Sie meint: »Laß diesen Gott, der sich so gegen dich benimmt, fahren, sag ihm ab und stirb!« Hiob dagegen »trägt«, er sagt: »Haben wir das Gute von Gott hingenommen und sollten das Schlimme nicht auch hinnehmen?« Aber genau hier müssen wir aufpassen. Wenn etwas so schnell herausgesagt wird, ist es durchaus möglich, daß die Tiefe unseres Herzens genau das Gegenteil meint. Es ist deshalb gefährlich, die Frau des Hiob zu schnell zu verurteilen. Es könnte ja sein, daß sie in der Tiefe ihres

Wesens mehr trägt als der Hiob, der gar so schnell einen frommen Spruch bereit hat. Schließlich hat auch sie ihre Kinder verloren und nicht nur der Hiob! Wir wissen auch, daß es mit dem frommen Spruch des Hiob nicht allzuweit her war, sondern daß bei ihm sehr bald die Rebellion gegen Gott durchgebrochen ist. Gott sei Dank, ist sie durchgebrochen! Denn es nützt ja gar nichts, wenn wir uns äußerlich demütig geben und so tun, als würden wir Lasten tragen und die Tiefe rebelliert dagegen. Es muß beides zusammengebracht werden: das Tragen, das in der Tiefe der Frau des Hiob ist, und die Rebellion des Hiob, die durch den frommen Spruch zunächst verdeckt wird. Beides muß zusammengebracht werden, erst dann kommt es zu einem wirklichen Tragen.

Paulus fährt weiter: *»Die Liebe glaubt alles«,* d.h. sie vertraut in allem. Es ist interessant, daß Jesus nur an zwei Stellen des Neuen Testaments sagt, daß das Vertrauen »groß« sei – und zwar bei zwei Heiden![84] Er redet aber auch von einem »kleinen« Glauben – und zwar bei seinen Jüngern![85] Bei den heidnischen Glaubenden verhielt es sich folgendermaßen: Sie haben überhaupt nichts von der Kraft Jesu gesehen, sondern die Kranken lagen weit weg, und sie haben trotzdem vertraut, daß sie geheilt sind. Die Kleingläubigen dagegen waren ständig bei Jesus, sie haben seine Krafttaten miterlebt, und trotzdem war ihr Glaube klein. Daraus könnten wir vielleicht folgern, daß nicht die Stunden, in denen wir uns besonders mit Jesus verbunden fühlen, die Stunden sind, in denen unser Glaube besonders »groß« ist; sondern es könnte im Gegenteil so sein, daß in Stunden, in denen wir gar nichts spüren von seiner Macht, das wahre Vertrauen zum Durchbruch kommt.

Eine weitere Aussage: *»Die Liebe hofft alles«.* Es gibt Situationen, in denen uns Gott als der Fremde und der Unheimliche begegnet, als der Gott, der mit dem Jakob gerungen und ihm einen nach unserer Meinung unfairen Tiefschlag versetzt hat. Trotzdem klammert sich Jakob an diesen fremden Gott und sagt: »Ich lasse Dich nicht, Du segnest mich denn!« (1 Mose 32,27). Oder Hiob sagt, nachdem bei ihm die Rebellion durchgebrochen ist und er gegen diesen fremdartigen Gott gewütet hat: »Ich weiß, im Himmel lebt mein Zeuge!« (Hiob 16,19). Oder David, nachdem er

von Gott zu einer Volkszählung aufgestachelt worden ist und nachher dafür bestraft wird, sagt: »Ich will lieber in die Hände Gottes fallen, als in die Hände der Menschen« (2 Sam 24,14). Oder denken wir an Jesus am Kreuz, der Gott so fremd erlebt, daß er sich von ihm verlassen fühlt und dann trotzdem zu Gott sagt: »In Deine Hände befehle ich meinen Geist« (Lk 23,46).
Wer meint, er müsse Gott in allem rechtfertigen, was er tut, der ist dem *fremden* Gott noch nicht wirklich begegnet. Hoffnung ist nicht ein schwaches Für-Möglich-Halten, sondern ein starkes Wissen im Sinne von Römer 8,28: »Wir *wissen* aber, daß denen, die Gott lieben, *alle* Dinge zum Guten mitwirken.«
Wenn die widergöttlichen Mächte uns ganz im Griff zu haben scheinen, wenn es brodelt und zischt und wir meinen, jetzt müßte die Welt über uns zusammenkrachen, dann weiß der Hoffende, daß dem tiefsten Dunkel der Anbruch des neuen Tages folgt.
Das führt uns zum letzten Ausdruck: *»Die Liebe hält in allem durch.«* Indem uns Gott Lasten aufbürdet, indem er manchmal unsichtbar und dunkel erscheint, arbeitet er an uns, um aus uns sein Ebenbild (d.h. das Bild Christi) herauszumeißeln. Dabei treffen uns seine Hammerschläge »auf eine ganz alltägliche Weise und durch ganz gewöhnliche Menschen«[86] In diesem Zusammenhang spricht Kierkegaard einmal vom »Martyrium, von Gänsen zu Tode getrampelt zu werden«. Das ist kein »heroisches« Leiden, mit dem man andere beeindrucken kann, sondern das ist ein Leiden, das außer uns niemand versteht. Man kann deshalb nur »durchhalten«. Das vierfache »alles« macht jedoch deutlich, daß »man« das nicht kann, sondern nur der in uns lebende Christus, der als unser wahres Selbst auch hier Urbild unseres Weges ist. Er wird das gute »Werk«, das er in uns begonnen hat, auch »vollenden« (Phil 1,6).

Auf der Suche nach Ganzheit

Gott spricht viele Sprachen. Er spricht mit jedem Menschen die Sprache, die er am besten versteht. Er spricht deshalb mit dem einen englisch, mit dem anderen französisch und mit dem dritten bärndütsch. Gott spricht romanisch, suaheli, chinesisch, bayrisch und alle anderen Sprachen. Am liebsten redet er jedoch symbolisch. Das ist eine Sprache, die wir alle in der Tiefe unseres Wesens verstehen. Es ist die Sprache der Märchen, der Mythen und der Träume. Es ist aber auch die Sprache der Bibel, vor allem der Gleichnisse Jesu.

Ich sagte: Wir verstehen die Symbolsprache in der Tiefe unseres Wesens. Unser Herz versteht sie, oder anders ausgedrückt: Unser Unbewußtes versteht sie.

Unser Bewußtsein dagegen hat manchmal Mühe mit der Symbolsprache. Wir müssen deshalb neu lernen, auf die Sprache unseres Herzens zu lauschen. Wir müssen es neu lernen, die Sprache der Symbole zu verstehen.

Was ist ein Symbol? – Ein Symbol offenbart einen ewigen Sinn in einer irdischen Erscheinung. Während Worte und Begriffe das Ewige nur teilweise und oft nur mißverständlich vermitteln können, spricht das Symbol den ganzen Menschen an und bringt die verschiedenen Saiten seiner Seele zum Klingen.

Jesus redet besonders in seinen Gleichnissen in der Symbolsprache. Wir wollen deshalb ein Gleichnis Jesu miteinander betrachten:

»Wo ist eine Frau, die 10 Silbermünzen besitzt, und wenn sie eine davon verloren hat, nicht ein Licht anzündet und das Haus fegt und sorgfältig sucht, bis sie die Münze findet? Und wenn sie sie gefunden hat, ruft sie ihre Freundinnen und Nachbarinnen zusammen und sagt: Freuet euch mit mir! Ich habe die Münze wiedergefunden, die ich verloren hatte!« (Lk 15,8-9)

Worum geht es in diesem Gleichnis? Man kann diese Frage verschieden beantworten. Man kann z.B. sagen: »Es geht um den Kopfschmuck einer orientalischen Frau.« Man kann aber auch sagen: »Es geht um das Heilwerden unserer Seele.« Oder: »Es geht um das Reich Gottes.« Alle diese Antworten sind richtig, denn die Symbolsprache des Gleichnisses hat viele Schichten.

Der Kopfschmuck

Es geht also zunächst um den Kopfschmuck einer orientalischen Frau. Im Orient ist es seit alters üblich, daß verheiratete Frauen einen Kopfschmuck tragen, an dem Münzen befestigt sind. Auf meinen Reisen sind mir immer wieder solche Frauen begegnet. Ich erinnere mich z.B. an eine junge Frau, die eine besonders schöne, schwarze Kopfbedeckung trug, an der hellglänzende Münzen befestigt waren. Ich zählte diese Münzen: Es waren zehn. Ein solcher Kopfschmuck ist Symbol für die Ganzheit des Bundes zwischen Mann und Frau. Er wird am Hochzeitstag zum ersten Mal getragen. Wenn nun eine Münze verlorengeht, dann ist der Kopfschmuck nicht mehr »heil«. Er ist nicht mehr Symbol der Ganzheit.

Wir verstehen deshalb, daß jene Frau ein Licht anzündet, damit sie die Münze im dunklen, fensterlosen palästinischen Hause glänzen sieht, und daß sie mit dem Palmwedel fegt, damit sie die Münze klirren hört.

Wir verstehen weiterhin die Freude über die wiedergefundene Münze, oder besser: über das Heilwerden ihres Kopfschmuckes. Wir verstehen auch, daß die Nachbarsfrauen, die ja alle einen ähnlichen Kopfschmuck besitzen, Verständnis haben für die Sorge jener Frau, und daß sie sich mit ihr freuen über die wiedergefundene Münze.

Soviel zum Kopfschmuck – ein kleines Alltagserlebnis aus dem Vorderen Orient.

Die heile Seele

Was hat das nun mit unserem Seelenheil zu tun oder besser: mit unserer heilen Seele?

Die Zahl 10 ist eine symbolische Zahl. Sie wurde im Altertum als göttliche Zahl verehrt. Sie ist nämlich Symbol der Ganzheit. Die Zahl 10 ist die Summe der ersten 4 Zahlen, also der Eins, die die Einheit darstellt, der Zwei, dem Symbol der Polarität, der himmlischen Dreiheit und der irdischen Vierheit. Die Zehn ist Zusammenfassung von Einheit und Polarität, von Himmel und Erde und somit Symbol der Ganzheit.

Wenn nun ein Teil dieser Ganzheit fehlt, dann ist das Ganze nicht mehr heil. Es geht in unserem Gleichnis deshalb nicht um das verlorene Eine um seiner selbst willen, sondern um die Wiederherstellung der Ganzheit.

Auch in unserem Leben gibt es Dinge, die verlorengegangen sind. In unserem Bestreben, uns auszubilden, vorwärts zu kommen, uns durchzusetzen und vor allem durch den Einfluß der Umwelt, haben wir bestimmte Seiten unseres Wesens gefördert und entfaltet, andere Seiten haben wir vernachlässigt und manchmal sogar unterdrückt. Und jetzt sind sie verloren, und wir haben Mühe, sie wieder zu finden. Zur Ganzheit des Menschen gehören jedoch alle Seiten.

Ich erinnere an das, was wir oben über Jesus gesagt haben: Jesus von Nazareth, so wie ihn uns das Neue Testament vor Augen stellt, hat uns vorgelebt, wie ein ganzer, ein heiler Mensch aussehen könnte: Jesus, der im Umgang mit seinen Gegnern durch und durch männlich war, konnte jedoch gleichzeitig wie eine Mutter Kinder herzen und segnen. Jesus, der mit scharfem Verstand argumentierte und die Fallen seiner Widersacher durchschaute, hatte doch gleichzeitig ein warmes Gefühlsleben. Er freute sich mit den Fröhlichen, und er weinte mit den Betrübten. Jesus, der die äußere Welt wahrnahm wie kaum ein anderer – davon sind seine Gleichnisse ein eindrückliches Zeugnis –, hatte gleichzeitig eine tiefe Beziehung zur göttlichen Welt und er spürte intuitiv das Innere des Menschen.

Jesus, der einerseits ganz der Außenwelt zugewandt war und mit Wort und Tat die Massen faszinieren konnte, zog sich andererseits immer wieder in die Einsamkeit zurück, um im Gespräch mit Gott Klarheit über seinen Weg zu finden.
So steht Jesus vor uns als ein Mensch, der alle Seiten seines Wesens entfaltet und integriert hat.
Zur Ganzheit gehört aber auch die Annahme unserer Schattenseiten, das heißt, der Seiten unseres Wesens, die wir gerne verleugnen und nicht wahrhaben wollen. Jesus wußte auch um diese dunklen Seiten seines Menschseins: »Er war versucht wie wir« (Hebr 4,15). Er hat jedoch diese dunklen Seiten nicht verdrängt oder in Neurosen verwandelt, sondern er hat sich ihnen gestellt und ihr Kraftpotential für seinen Weg fruchtbar gemacht.
Aber so sind *wir* nicht. Wir folgen nicht immer dem Urbild Jesu (d.h. unserem wahren SELBST), sondern oft genug unserem vordergründigen ICH, und drängen dadurch manches, was *auch* leben möchte, ins Unbewußte, wo es dann »verloren« ist und wieder mühsam gesucht werden muß.
Heilwerden heißt also: das Verlorene suchen, um »ganz« zu werden – wie Jesus. Das ist ein Prozeß, der lebenslang dauert. Indem das Verlorene in uns gefunden und unserem Leben eingefügt wird, reifen wir der Ganzheit entgegen.

Das Reich Gottes

Jesus erzählt unser Gleichnis den Pharisäern, also Menschen, die sich um eine peinlich genaue Erfüllung des Gesetzes bemühen und die sich darüber ärgern, daß Jesus Gemeinschaft mit den Gesetzlosen hat.
Wir können diesen Ärger verstehen. Die Pharisäer haben sich ihr Leben lang geplagt, die Gebote Gottes zu halten, und nun verspricht Jesus denen den Eintritt ins Gottesreich, die sich überhaupt nicht um das Gesetz Gottes kümmern und es ständig übertreten.

Vielleicht kennen wir einen solchen Ärger aus unserem eigenen Leben. Vielleicht wurde auch uns in unserer Jugend manches verboten, was wir gerne getan hätten, aber aus Angst (vor dem strafenden Gott) nicht oder nur mit einem schlechten Gewissen taten. Und heute ist das, was uns verboten war, nun plötzlich erlaubt, sogar in christlichen Kreisen. Eine ärgerliche Sache – besonders wenn es zu spät ist!

Der Ärger sitzt jedoch noch tiefer. Die Gesetzlichen ärgern sich nämlich vor allem deshalb über die Gesetzesübertreter, weil ihre eigene gesetzlose Seite »verloren«gegangen ist und jetzt ein unheilvolles Schattendasein führt. Wenn die Gesetzlichen ganz werden wollen, dann müssen sie ihre verlorene, gesetzlose Seite suchen und ihrem Leben einverleiben, sonst bleiben sie einseitig, – d.h. sie bleiben »Sünder«. Sünde heißt Zielverfehlung. Das Ziel unseres Lebens ist Ganzheit. Die Ganzheit verfehlen heißt, das Ziel verfehlen und somit »sündigen«. Die Pharisäer sündigen, wenn sie ihre gesetzlose Seite nicht akzeptieren. Aber die Gesetzlosen sündigen auch, wenn sie ihre gesetzliche Seite nicht akzeptieren. Die Gesetzlosen sind nämlich genauso einseitig wie die Gesetzlichen!

Jesus geht es darum, daß jeder seine verlorene Seite sucht und findet – die Ordentlichen ihre unordentliche, die Unordentlichen ihre ordentliche Seite; die Wahrheitsfanatiker ihre verlogene und die Schwindler ihre ehrliche Seite.

Wenn dies geschieht, dann hat das Auswirkungen auch auf unser gesellschaftliches Leben. Wenn die Rechten nicht mehr die Linken und die Linken nicht mehr die Rechten verdammen, sondern wenn jeder seinen jeweiligen Gegenpol in sich selber sucht und findet, dann entsteht ein neues Miteinander der unterschiedlich geprägten Menschen und Gruppierungen. Es kommt zu einer neuen Ganzheit, auch in unserer Gesellschaft.

Jesus sagt im Anschluß an unser Gleichnis, daß die Engel Gottes sich freuen über jeden einzelnen Sünder, der umkehrt. Die himmlische Welt und die irdische Welt gehören zusammen. Das Reich Gottes bedeutet das Einswerden von Himmel und Erde, von Gott und Mensch. Es bedeutet das Heilwerden der Schöpfung. Wenn ein einzelner »Sünder«, das heißt einer, der bisher das Ziel der Ganzheit verfehlt hat, umkehrt und beginnt, das Verlorene in seinem Leben zu suchen, dann geht er einen Schritt in die rechte Richtung. Er leistet einen Beitrag nicht nur zu seinem eigenen Ganzwerden, sondern auch zum Heilwerden der Gesellschaft und zum Kommen des Reiches Gottes.

Mein Traum von der Kirche

»Glückselig sind diejenigen, die Träume träumen und bereit sind, den Preis dafür zu zahlen, daß sie Wirklichkeit werden.«

Diesem Ausspruch des belgischen Kardinals Leo Suenens bin ich in vielen Ländern der Erde und in mancherlei Sprachen begegnet. Er begleitet mich seit vielen Jahren. Ich habe Kardinal Suenens einmal gefragt, ob er auch einen solchen Traum träume. Er hat mir geantwortet: »Ja, mein Traum ist ›Jerusalem II‹, das heißt ein Konzil aller Christen. Es sollte in Jerusalem stattfinden« (»Jerusalem I« war das Apostelkonzil im 1. Jahrhundert). Kardinal Suenens träumt von einer konziliaren Einheit (d.h. von einer Einheit in der Vielfalt) aller Christen, und er hat sich jahrzehntelang leidenschaftlich dafür eingesetzt, daß dieser Traum sich verwirklicht.

Auch ich träume einen Traum von der Kirche. Es ist ein dreifacher Traum, den ich mit den Worten *entfalten – feiern – begegnen* umschreiben möchte.

Ein Traum oder eine Vision kann Möglichkeiten aufzeigen, die zwar noch nicht verwirklicht sind, die aber verwirklicht werden können, wenn wir diese Möglichkeiten ernsthaft ins Auge fassen und unsere seelische Energie dorthin lenken. Wenn ich also einen Traum oder eine Vision von der Kirche habe, dann heißt das, daß ich die Kirche so sehe, wie sie sein könnte oder wie sie sein sollte, d.h. so wie ich sie mir wünsche.

Ich habe nicht die Absicht, ein umfassendes oder vollständiges Bild von der Kirche Jesu Christi zu entwerfen, sondern ich möchte anhand von drei Wünschen zeigen, wo ich mir eine Erweiterung und eine Vertiefung des kirchlichen Lebens erträume.

Entfalten

Mein erster Wunsch: Ich träume davon, daß die Kirche zu einem Ort der Entfaltung wird.

Was heißt das? Gott hat jedem von uns bestimmte Gaben und Anlagen mit auf den Lebensweg gegeben. Eine wesentliche Aufgabe unseres Erdenlebens besteht nun darin, daß wir diese Gaben und Anlagen in rechter Weise entfalten. In der Regel können wir einige dieser Anlagen in unserem Beruf entfalten, also bei unserer ganz normalen Alltagsarbeit. Die einen können das mehr, die anderen weniger. Aber meistens können wir eben nur einige dieser Anlagen und Gaben entfalten. Andere Fähigkeiten bleiben unausgebildet und unentwickelt, was zur Folge hat, daß wir alle bis zu einem gewissen Grade einseitig sind. Es ist deshalb gut, daß es neben der Arbeitszeit auch die Freizeit gibt, neben dem Arbeitstag den Feierabend und den Sonntag. Freizeit, Feierabend und Sonntag bieten Möglichkeiten, Seiten unseres Wesens zu entfalten, die bei der täglichen Arbeit zu kurz kommen.

Aber neben der freien Zeit bedarf es auch eines freien Raumes, in dem eine solche Entfaltung sich vollziehen kann. Es ist mein Wunsch, daß die Kirche zu einem solchen Ort der Entfaltung wird. Worum geht es bei einer solchen Entfaltung? Es geht darum, daß wir zu dem heranreifen, was wir unserem Wesen nach sind. Es geht nicht darum, daß wir irgendwelche »großen« Vorbilder nachahmen, sondern daß wir zu uns selbst und damit zum wahren Menschsein finden.

Zum wahren Menschsein gehört die Entfaltung des ganzen Menschen, also des Leibes, der Seele und des Geistes. Der Leib ist in der Kirche lange Zeit hindurch vernachlässigt worden. Gott sei Dank, wird er heute wieder neu entdeckt und neu ernstgenommen. So werden zum Beispiel Pantomime und Tanz in der Kirche wieder neu entdeckt. Dies erlebte ich eindrücklich bei einer ökumenischen Veranstaltung in Ostasien, als ein Tänzer aus Bali das Evangelium ohne Worte durch Musik und Tanz verkündigte. Sein Tanz bestand aus sieben Szenen:

1. Szene

Der Tänzer trug eine Holzmaske mit einer blonden Perücke. Er sah aus wie ein Europäer, und so tanzte er auch, d.h. etwas eckig und ungelenk, ohne echte Verbindung mit dem Boden. Dieser wortlose Tanz machte deutlich, hier ist ein Balinese, der etwas anderes sein will, als er in Wirklichkeit ist. Er gibt sich den Anschein, als sei er ein Vertreter der westlichen Zivilisation (die für viele Menschen der Dritten Welt immer noch eine große Anziehungskraft hat!). Es war ein Mensch mit einer Maske, der nicht zu dem steht, was er ist, sondern gerne etwas anderes sein möchte. Das ist die Tragik vieler Menschen, nicht nur in Bali, sondern auch bei uns, daß wir nicht Ja sagen zu dem, was wir sind, sondern gerne etwas anderes sein wollen: besser, edler, angesehener, moralischer oder was auch immer. Das also war die erste Szene: Ein Mensch, der nicht das sein will, was er in Wirklichkeit ist.

2. Szene

Der ungelenke Tänzer bewegte sich auf ein Kreuz zu, an dem der gekreuzigte Christus hing. Er schaute diesen Christus fasziniert an, so, als würde er kapieren, daß hier ein Mensch ist, der keine Maske getragen hat, sondern so lebte, wie es seinem Wesen entsprach. Der Tänzer versuchte zaghaft, im Anblick des Kreuzes seine Maske abzunehmen. Er spürte offensichtlich, daß in der Gegenwart Jesu, der alles durchschaut, eine Maske sinnlos ist. Man hatte den Eindruck, daß der Tänzer mit sich kämpfte, ob er seine Maske Jesus zu Füßen legen soll oder nicht. Er tat es schließlich *nicht*. Vielleicht kennen wir solche Situationen, in denen wir wissen, was wir eigentlich tun sollten und es dann doch nicht tun.

3. Szene

Der Tänzer wandte sich vom Kreuz ab, befestigte seine Maske wieder und tanzte weiter. Aber der Tanz war nicht mehr derselbe wie vorher, sondern man merkte, daß der Tänzer jetzt in sich zerrissen war. Auf der einen Seite versuchte, er so weiterzutanzen wie früher, aber auf der anderen Seite schielte er immer wieder nach dem Kreuz. Man hatte den Eindruck, der gekreuzigte Christus ließ ihn nicht mehr los. Ja, so ist das, wenn man Jesus, dem Urbild der Ganzheit, dem wahren Menschen begegnet ist, dann kommt man nicht mehr von ihm los, auch wenn man es will.

4. Szene

Der Tänzer bewegte sich erneut auf das Kreuz zu, er kniete vor dem gekreuzigten Christus nieder und begann langsam und zögernd, seine Maske zu lösen. Man spürte, es fällt ihm nicht leicht, sein bisheriges Leben aufzugeben. Das ist verständlich, denn das Bisherige ist bekannt, das Neue nicht. Aber schließlich legte er seine Maske am Fuße des Kreuzes nieder und schaute mit ausgebreiteten Händen hinauf zum Gekreuzigten.

5. Szene

Der Tänzer tanzte ohne Maske einen fröhlichen Tanz. Man merkte: Jetzt ist er ein echter Balinese. Er hat Kontakt zum Mutterboden, auf dem er tanzt, und er tanzt so, wie es ihm innerlich entspricht, ein gelöster und befreiter Mensch, der ja sagt zu sich selber, der sich so annimmt, wie er ist. Ja, so ist das, wenn man seine Maske ablegt und endlich einmal so sein kann, wie man wirklich ist. Ich dachte, das ist ein schöner und guter Schluß, ein durch Christus befreiter, fröhlicher Mensch.
Es folgten jedoch noch zwei weitere Szenen:

6. Szene

Der Tänzer tanzte zum Kreuz zurück, kniete nieder und hob die am Fuße des Kreuzes abgelegte Maske auf, betrachtete sie, drückte sie fast liebevoll an sich, so als wollte er damit ausdrücken: Diese Maske gehört zu mir, sie ist ein Stück meines Lebens, und als Möglichkeit bleibt sie auch weiterhin mit mir verbunden. Der Tänzer solidarisierte sich also mit seiner ehemaligen Maske, das heißt, er sagte ja zu seiner Vergangenheit, auch zu dem, was nicht so gut war und was als Möglichkeit in ihm bleibt, und dann legte er die Maske wieder an den Fuß des Kreuzes zurück. Ich dachte, das ist eine wichtige Sache, daß wir auch unsere Vergangenheit bejahen und auch zu dem stehen, was in unserem Leben nicht so gut war.

7. Szene

Der Tänzer forderte nun einen Zuschauer auf, mit ihm zu tanzen und dann noch einen und noch einen, so lange, bis alle Anwesenden mit ihm zusammen in einem frohen Reigen tanzten. Es wurde deutlich: Wer sich selber angenommen hat mitsamt seiner Vergangenheit und seinen negativen Möglichkeiten, der kann auch ja sagen zu seinen Mitmenschen, denn er weiß, daß er um keinen Deut besser ist als die andern. Menschen, die zu ihren Fehlern und Unzulänglichkeiten stehen, sind Menschen, die andere akzeptieren und froh machen.

So viel zum Tanz des Balinesen. Er hat das Evangelium eindrücklich verkündigt, ohne Worte, mit der Sprache seines Körpers. Unser Körper spricht ja ohnehin eine viel deutlichere Sprache als unsere Worte. Es ist deshalb bei einem Gespräch oft aufschlußreicher zu sehen, wie der Körper des Redenden sich verhält, als zu hören, was er mit dem Munde sagt. Unser Mund kann lügen, unser Körper nicht.

Wenn wir also zum Menschsein heranreifen wollen, dann gilt es, Leib und Seele miteinander so zu verbinden, daß sie dieselbe

Sprache sprechen. Es wäre jedoch völlig verkehrt, wenn wir jetzt sagen würden: »Auf! Wir wollen uns entfalten und werden deshalb im nächsten Gottesdienst tanzen!« So einfach geht das leider nicht. Wir sind keine Balinesen. Wir Westeuropäer haben in unserem Inneren viele Hemmungen und Barrikaden. Was durch Jahrhunderte hindurch abgewürgt und verdrängt worden ist, kann man nicht plötzlich wieder beleben. Mein Traum ist es deshalb, daß die Kirche zu einem Ort wird, wo solche seelischen Verbiegungen aufgearbeitet und dann auch Tänze eingeübt werden können.
In der Vergangenheit war die Kirche leider oft genug ein Ort, wo seelische Verbiegungen produziert worden sind. Solche Verbiegungen nennt man dann gelegentlich »ekklesiogene Neurosen«, d.h. Neurosen, die durch eine verengte, sogenannte christliche Verkündigung und Moral entstanden sind. Bei meiner Arbeit in einer psychiatrischen Klinik begegneten mir immer wieder solche ekklesiogenen Krankheiten. Es ist unglaublich, was manche sogenannten christlichen Verkündiger im Leben anderer Menschen anrichten an Zwängen und an Abwürgung des Selbstwertgefühles. Es ist deshalb mein Wunsch, daß hier auf breiter Front eine Gegenbewegung einsetzt und daß die Kirche zu einem Ort der Entfaltung wird, wo Menschen das leben können, was Gott in sie hineingelegt hat.[87] Zu einer solchen Entfaltung gehört auch, daß wir unsere Schattenseiten kennenlernen, das heißt, die Seiten unseres Wesens, die wir nicht leben, sondern die wir ablehnen und verurteilen. Diese dunklen Seiten gehören zu uns, und wenn wir zum Menschsein heranreifen wollen, ist es wichtig, daß wir gerade diese abgelehnten Seiten als zu uns gehörig annehmen und in unser Leben integrieren. Nur so entsteht Ganzheit, nur so werden wir wirklich heil.
Das also ist mein erster Wunsch: Ich träume, daß die Kirche zu einem Ort der Entfaltung wird. Leitbild einer solchen Entfaltung und Ganzheit ist Jesus, so wie er uns in den Evangelien vor Augen gemalt wird. Jesus, der ein Mensch war, wie wir – »aber ohne Sünde« (Hebr 4,15), d.h. er hat das Ziel seines Lebens nicht verfehlt, sondern er ist zur Ganzheit herangereift. In Freude und

Leid hat Jesus die Tiefe des Menschseins ausgekostet. Im Lukasevangelium heißt es: »Er nahm zu an Weisheit, an Körpergröße und an Gnade bei Gott und den Menschen« (Lk 2,40). Das heißt, Jesus ist zu einem ganzen Menschen nach Leib, Seele und Geist herangereift.

Feiern

Mein zweiter Wunsch: Ich träume davon, daß die Kirche zu einem Ort des Feierns wird.

Neben der Entfaltung der Gaben des einzelnen steht das Zusammenspiel der verschiedenen Menschen mit ihren unterschiedlichen Begabungen. Wir entfalten unsere Gaben und Fähigkeiten nicht nur zu unserer eigenen Freude und nicht nur zur Freude Gottes, sondern auch zur Freude unserer Mitmenschen. Im menschlichen Miteinander entsteht dort die rechte Harmonie und das rechte Zusammenspiel, wo sich einer über die Gaben des anderen freut und sich selber durch den anderen ergänzen, bereichern und korrigieren läßt. Ich träume davon, daß die Kirche zu einem Ort eines solchen Zusammenspieles wird. Kürzlich las ich den Satz: »Die Vögel singen viel mehr, als es nach Darwin erlaubt ist«. Mit diesem Satz wird zum Ausdruck gebracht, daß die Schöpfung nicht nur zweckmäßig ist, sondern auch ein verschwenderisches Fest. In der Bibel ist es die Weisheit (und nicht die Torheit), die von sich sagt, daß sie auf dem Erdkreis vor Gott *spielt* (Spr 8, 30f). Wenn wir Feste feiern, dann spielen wir vor Gott. Ich hatte mehrfach Gelegenheit, mit einem Liturgie-Experten der orthodoxen Kirche zu sprechen. Bei einem dieser Gespräche sagte mir jener Gelehrte: »Wenn wir Orthodoxe Gottesdienst feiern, dann spielen wir vor Gott, wir alle sind Schauspieler, der einzige Zuschauer ist Gott«. Weil nicht Menschen uns beobachten, sondern Gott, können wir uns bei diesem gottesdienstlichen Spiel so geben, wie wir sind und dadurch zu dem werden, was wir sind. Zu einem solchen Zusammenspiel gehören dann auch die verschiedenen Dienste, Ämter und Charismen, die dafür sorgen, daß die Spielregeln eingehalten werden.[88]

Was feiern heißt, können wir von afrikanischen Christen lernen. In Afrika feiern Christen so, daß alle beteiligt sind, und zwar nach Leib, Seele und Geist. Der Körper bewegt sich in Rhythmen, die dem Anlaß des Feierns entsprechen. Die Seele lacht oder weint, sie ist traurig oder fröhlich, je nach dem Anlaß, und der Geist ist mit Gott verbunden.

Was feiern heißt, können wir aber auch bei unseren Freunden aus der Ostkirche lernen, wo im Gottesdienst alle Sinne angesprochen werden: das Auge durch die prächtigen Gewänder und Bilder, das Ohr durch herrliche Gesänge, die Nase durch köstlichen Weihrauch, die Zunge durch Brot und Wein und der Tastsinn durch Berührung beim Friedensgruß und beim Betasten der Ikonen.

Feiern heißt, daß der ganze Mensch in das Spiel vor Gott mit hineingenommen wird. Der ganze Mensch mit all seinen Sinnen, der ganze Mensch nach Leib, Seele und Geist, und zwar nicht nur als einzelner, sondern im Zusammenspiel mit allen anderen. Gott sei Dank wird in unserer Kirche ein solches Zusammenspiel mehr und mehr heimisch. Ich habe in den letzten Jahrzehnten viele Gottesdienste erlebt, in denen Christen ganz neu die Kirche als einen Ort des Feierns verstehen lernten.[89]

Leitbild eines solchen Zusammenspiels ist Jesus Christus, so wie er heute in seiner Kirche gegenwärtig und mit ihr verbunden ist. Der Apostel Paulus hat uns dieses Zusammenspiel zwischen Christus und seiner Kirche und den Gemeindegliedern untereinander im Bild vom Leib Christi vor Augen gemalt.[90] In diesem Bild wird deutlich, daß es kein Privatchristentum gibt, sondern daß die anderen immer mit dabei sind. Der Leib Christi funktioniert dann richtig, wenn sich jeder über die Gabe des anderen freut.

Begegnen

Und nun noch ein dritter Wunsch: Ich träume, daß die Kirche ein Ort der Begegnung wird.

Bei ökumenischen Begegnungen ist es wichtig, daß der einzelne Christ weiß, wohin er gehört. Es ist wichtig, daß wir zunächst unseren eigenen Standort kennen und bejahen, erst dann können wir einen neugierigen Blick über den Zaun tun, um die Schätze des anderen kennenzulernen. Hier hat sich, Gott sei Dank, in den letzten Jahrzehnten ein entscheidender Wandel vollzogen. Früher fragte man bei den sogenannten Unterscheidungslehren, was in der anderen Konfession falsch oder schlecht ist, und verglich es dann mit dem, was einen in der eigenen Konfession richtig und gut dünkte. Heute fragt man nach dem Guten bei den anderen; und wenn einem beim andern etwas unverständlich erscheint, dann bemüht man sich darum, es verstehen zu lernen und zu ergründen, was es dem anderen bedeutet. Vielleicht entdecken wir dann Dinge in den anderen Konfessionen, die in unserer eigenen Kirche zu kurz kommen oder abgewehrt werden, die aber für die Menschwerdung wesentlich sind. Vielleicht können wir dann solche Schätze behutsam übernehmen, Schätze, die unserer Entfaltung dienen und die uns helfen, miteinander zu feiern – zusammen mit Christen aus anderen Traditionen.[91]

Wenn ich davon träume, daß die Kirche ein Ort der Begegnung wird, dann meine ich jedoch nicht nur die Begegnung mit Christen, sondern auch mit Menschen, die sich nicht als Christen verstehen – auch mit Menschen aus anderen Kulturen. Vielleicht entdecken wir dann, daß diese Menschen Schätze bewahrt haben, die in unserer Kultur verschüttet sind. Dabei ist es jedoch wichtig, daß wir nicht »kopieren«, sondern »kapieren«, d.h. daß wir nicht einfach Fremdes übernehmen, sondern das Entsprechende in unserer eigenen Kultur entdecken.

So wichtig die Entfaltung der Gaben des einzelnen und das Zusammenspiel dieser Gaben in einem Fest immer wieder sind, so ist doch unser Erdenleben nicht auf diese eher spielerische Seite unseres Daseins beschränkt, sondern wir leben auch als verantwortliche Menschen inmitten einer Welt, in der es alles andere als spielerisch oder harmonisch zugeht. In dieser Welt regiert nicht nur Gott, sondern da sind auch widergöttliche und zerstörende Mächte am Werk, und denen gilt es, Einhalt zu gebieten.

Diese Funktion hat vor allem der Staat und mit ihm die jeweilige Bürgergemeinde. Staat und Bürgergemeinde mit ihren verschiedenen Organen und Ämtern haben die verantwortungsvolle Aufgabe, dem Bösen zu wehren und das Gute zu mehren. Der Staat existiert inmitten einer Welt, die nicht nach Gottes Willen fragt und nicht nach göttlichen Maßstäben lebt. In der Welt, in der wir leben, sind Geld und materielle Werte wichtiger als Menschen. Das Haben und das Gelten sind wichtiger als das Sein, und die Starken dünken sich besser als die Schwachen, und sie unterdrücken die Schwachen. Wenn man die Menschen sich selbst überlassen würde, dann gäbe es Mord und Totschlag und völliges Chaos. Ohne Gesetze und Ordnungen würden auch wir Europäer im Nu wieder ins Chaos zurücksinken. Die Aufgabe des Staates besteht deshalb darin, die menschlichen Begierden einigermaßen in Schach zu halten und dafür zu sorgen, daß es einigermaßen gerecht in einem Gemeinwesen zugeht.

Die Christengemeinde dagegen hat die Aufgabe, innerhalb der Bürgergemeinde auf das kommende Gottesreich hinzuweisen und dessen Werte immer wieder in Erinnerung zu rufen. Im Gottesreich gelten andere Werte als in dieser Welt. Im Gottesreich sind Menschen wichtiger als Dinge, das Sein ist wichtiger als das Haben oder Gelten, und die Schwachen sind wichtiger als die Starken. Das kommende Gottesreich ist die einzige Hoffnung für diese vergehende Welt. Bleiben wird nur das, was jetzt schon Anteil hat an den Werten der kommenden Welt. Wenn ich wünsche, daß die Kirche zu einem Ort der Begegnung wird, dann wünsche ich vor allem, daß es immer wieder zu einer Begegnung zwischen Bürger- und Christengemeinde kommt, zwischen Menschen, die sich selber nicht als Christen verstehen und solchen, die ihre Hoffnung auf Jesus Christus setzen und auf sein kommendes Friedensreich. Ganz abgesehen davon, daß diese beiden

Welten auch in uns selber vorhanden sind, und daß bei jedem Menschen einmal die eine und einmal die andere Seite überwiegt, können durch solche Begegnungen diejenigen, die sich als Christen verstehen, vor einer falschen Innerlichkeit bewahrt werden, und diejenigen, die sich nicht als Christen verstehen, vor einem gar zu platten Materialismus. Beide können miteinander Verantwortung übernehmen für eine Welt, die nichts nötiger braucht als ein politisches Handeln, dessen geheime Wurzeln die Werte des Reiches Gottes sind.

Leitbild einer solchen Begegnung ist der kosmische Christus, von dem es im Epheserbrief heißt, daß in ihm alles zusammengefaßt ist, was im Himmel und auf Erden ist (Epheser 1,10). Der kosmische Christus ist der Christus, durch den die Welt geschaffen worden ist. Im kosmischen Christus begegnen sich alle. Christus ist die ordnende Mitte der ganzen Schöpfung. Er hält nicht nur die Erde in seiner Hand, sondern auch die anderen Sterne. Er ist nicht nur das Haupt seiner Gemeinde, sondern aller Mächte und Gewalten. In ihm ist alles zusammengefaßt, in ihm begegnen sich alle.

Das also ist mein Traum von der Kirche: Ich träume, daß die Kirche ein Ort der *Entfaltung* wird, ich träume, daß die Kirche ein Ort des *Feierns* wird, und ich träume, daß die Kirche ein Ort der *Begegnung* wird.

Als ich Kardinal Suenens in dem eingangs erwähnten Gespräch fragte, ob »Jerusalem II« sein größter Traum sei, meinte er: »Nein, ich habe einen noch größeren Traum - aber dessen Erfüllung werde ich nicht mehr erleben!« Ich fragte: »Und was ist dieser größere Traum?« Suenens antwortete: »›Jerusalem III‹! – das bedeutet, daß auch die Juden mit dabei sind.«

Vielleicht sagen Sie jetzt, was soll dieses Träumen, es ändert sich ja doch nichts. Die Strukturen der Kirche sind ja viel zu hart, und die Verantwortlichen in der Kirche sind viel zu angepaßt oder zu festgefahren oder zu überlastet, und das sogenannte Kirchenvolk ist viel zu uninteressiert und zu träge, als daß sich da etwas ändern würde. Ich verstehe solche Einwände. Ich habe einmal ähnliche

Einwände gegenüber dem Erzbischof Dom Helder Camara geäußert, als er mir in Brasilien von seinem Einsatz für die Ärmsten und für die Entrechteten erzählte. Ich meinte, daß in einer solchen Situation, wo die Geldgier und die Hartherzigkeit der Reichen so dominieren, ein einzelner nicht viel ausrichten könne. Dom Helder wurde damals ganz erregt und meinte: »Doch, ein einzelner kann etwas ausrichten! Es gilt jedoch dreierlei zu beachten:

1. Haben Sie eine Vision davon, wie es eigentlich sein sollte!
2. Tun Sie bis zum äußersten das, was Sie können, um diese Vision zu verwirklichen, und zwar an dem Platz, an den Gott Sie gestellt hat!
3. Überlassen Sie den Rest Gott!«

Ich denke, diese Weisung gilt auch für die Situation unserer Kirche und deshalb gilt:

»Glückselig sind diejenigen, die Träume träumen und bereit sind, den Preis dafür zu zahlen, daß sie Wirklichkeit werden.«

Gemeinschaft im Mahl

Wichtige Ereignisse in unserem persönlichen Leben oder in unserer Familie halten wir gerne in einer Fotografie oder in einem Film fest – zu Erinnerung.
Auch im öffentlichen Leben wird viel fotografiert. Wenn ein Anlaß besonders wichtig ist, dann wimmelt es geradezu von Fotografen, die das Geschehen im Bild festhalten wollen.
Für einen Christen ist das wichtigste Ereignis der Weltgeschichte das Leben und Sterben Jesu Christi. Was damals eigentlich geschah, könnte in keinem Bild oder Film festgehalten werden. Jesus hat uns jedoch eine sichtbare Handlung hinterlassen, die dieses Geschehen symbolisch darstellt: das Abendmahl.
Ein Symbol ist mehr als eine Fotografie oder als ein Wort. Ein Symbol offenbart – wie wir schon sahen – einen ewigen Sinn in einer irdischen Erscheinung. Symbole haben einen Bedeutungs-Überschuß. Sie regen zum Denken und zum Meditieren an. Das Abendmahl ist eine symbolische Handlung. Es lenkt unseren Blick in drei Richtungen: in die Vergangenheit, die Gegenwart und die Zukunft.

Der Blick in die Vergangenheit

In den Einsetzungsworten des Abendmahls wird der Abendmahls-Wein als das »Blut Christi« bezeichnet, das für viele vergossen wird »zur Vergebung der Sünden«. Abendmahl und Sündenvergebung gehören eng zusammen. Das Wort, das wir mit »Sünde« übersetzen, bedeutet im griechischen Urtext »Zielverfehlung«. Wenn ein Schütze eine Zielscheibe treffen soll, und er schießt daneben, dann »sündigt« er, das heißt, er verfehlt das Ziel. Was heißt das für uns? Wie können wir das Ziel verfehlen? Wie können wir »sündigen«? Wie wir oben ausführten, gibt es im Grunde genommen nur zwei Arten der Zielverfehlung: die Regression in die Unbewußtheit (»Anpassung«) und die Einseitigkeit!

Unbewußtheit bedeutet, daß ich nicht weiß, was ich sage oder tue, sondern mein Reden und Handeln ist infiziert von den Mächten des Unbewußten, es ist infiziert von unaufgearbeiteten, frühkindlichen Verletzungen, von ungelösten Lebensproblemen und mancherlei Komplexen. Aus dieser Unbewußtheit heraus entstehen Projektionen und Feindbilder, das heißt: Ich verdächtige, bekämpfe und verurteile andere, indem ich ihnen meine eigenen Dunkelheiten anhänge. Das ist ein Trauerspiel, das uns nicht nur aus der Politik bekannt ist! Dieses Trauerspiel ist jedoch nicht vermeidbar, solange wir in der Unbewußtheit verharren.

Die andere Form der Zielverfehlung (also der »Sünde«) ist die Einseitigkeit. Wir haben darüber eingehend geredet. Einseitigkeit besteht z.B. darin, daß ich meinen Standpunkt für allein richtig erachte. Gewiß, in einem Meinungsaustausch darf und soll ich meinen Standpunkt vertreten, aber immer im Wissen darum, daß *meine* Meinung nur *eine* Meinung ist, die der Ergänzung durch andere Meinungen bedarf. Die Ganzheit und somit das »Heil« besteht in der Vielfalt der Meinungen. Wenn ich dagegen meine Meinung und meinen Standpunkt für allein richtig erachte, dann verfehle ich das Ziel der Ganzheit, dann »sündige« ich.

Und welches Ziel sollen wir erreichen? Wir sollen zu einem einmaligen unverwechselbaren Menschen heranreifen, in dem alles enthalten, entfaltet und zusammengefaßt ist, was Gott in ihn hineingelegt hat. Wenn wir diesem Drang nach Ganzwerdung nicht nachgeben, sondern in der Unbewußtheit oder in der Einseitigkeit verharren, dann leben wir an uns selber vorbei, dann verfehlen wir das Ziel unseres Lebens, dann »sündigen« wir.

Und wie kann Sünde »vergeben« werden? Das griechische Wort, das wir mit »vergeben« übersetzen, heißt wörtlich »fortschicken«. »Vergebung der Sünden« heißt also, daß unsere Zielverfehlungen fortgeschickt werden, daß sie nicht mehr da sind. Und wie kann das geschehen? Dadurch, daß Gott unsere Zielverfehlungen in Bausteine verwandelt, die er sinnvoll in das Ganze einbaut und die dadurch mit dazu beitragen, daß »Heil« (d.h. Ganzheit) entsteht. Damit hören sie auf, Zielverfehlungen zu sein.[92]

Im Alten Testament wird uns dieser Tatbestand in der Josefsgeschichte anschaulich vor Augen gemalt. Josef wurde aus Neid und Mißgunst von seinen Brüdern nach Ägypten in die Sklaverei verkauft. Die Brüder haben hier eindeutig »gesündigt«. Josef gelangte jedoch – nach vielen Tiefenerfahrungen – in Ägypten zu hohen Ehren und wurde durch seine weitsichtige Wirtschaftspolitik zum Retter des Volkes. Auch seine Brüder wurden von Josef vor dem Hungertod bewahrt und fanden in Ägypten eine neue Heimat.

Diese Erzählung macht deutlich: Gott hat die Sünde der Josefsbrüder benützt, um Heil daraus zu machen. Josef drückte es so aus: »Ihr gedachtet es böse zu machen, aber Gott gedachte es gut zu machen« (1 Mose 50,20).

In ähnlicher Weise bewirkte es Gott, daß das einseitige Tun eines Judas oder eines Pilatus und das unbewußte Tun derer, die Jesus ans Kreuz genagelt haben, dem Ganzen, das heißt dem Heil, dienstbar geworden ist. Das Kreuz ist Symbol dieser Einbeziehung unserer Zielverfehlungen in das Ganze des göttlichen Heilsplanes. Jesus starb am Kreuz, weil Menschen »gesündigt« haben. Menschen haben Jesus zu unrecht angeklagt, verleumdet, verurteilt und hingerichtet. Doch Gott hat die Sünde dieser Menschen in Heil verwandelt. Das Kreuz wurde zu einem Heils-Zeichen.

Was das bedeutet, können erklärende Worte nur einschränken. Als Symbol wirkt das Kreuz unmittelbar auf unsere Seele. Das Kreuz offenbart die Spannung zwischen der Höhe und der Tiefe, zwischen der rechten und der linken Seite. Aber gleichzeitig verbindet das Kreuz diese Gegensätze zu einer Einheit. Im Kreuz wird schwerste Zielverfehlung zum höchsten Heil. Das gibt auch uns die Gewißheit, daß »denen, die Gott lieben, *alle* Dinge zum Guten mitwirken« (Röm 8,28). Wenn wir hundert

Mal das Ziel verfehlt haben, dann verwandelt Gott hundert Mal diese Zielverfehlungen in Bausteine für unser Lebensgebäude. Und wenn wir tausend Mal das Ziel verfehlt haben, dann verwandelt Gott tausend Mal diese Zielverfehlungen in Heil. Alle unsere Zielverfehlungen bindet Gott sinnvoll in das Ganze ein, und damit hören sie auf, Zielverfehlungen zu sein. Das ist »Vergebung« der Sünde.
Wir selber »erfahren« dieses Heil allerdings nur, wenn wir uns in das verwandelnde Handeln Gottes mit hineinbegeben, das heißt, wenn wir unsere Zielverfehlungen, unsere Einseitigkeiten und unsere Unbewußtheiten erkennen und aus dieser Erkenntnis heraus neu Verantwortung für unser Reden und Tun übernehmen.

Der Blick in die Gegenwart

Eine weitere Aussage, die uns in den Abendmahlstexten begegnet, lautet: Solches tut zu meinem *Gedächtnis.* Im Griechischen steht hier das Wort »Anamnesis«. Dieses Wort bedeutet, daß ein vergangenes Ereignis gegenwärtig gesetzt und damit in die Gegenwart hereingeholt wird. Wir können also übersetzen: »Solches tut, damit ich ganz nahe bei euch bin.« Indem wir Abendmahl feiern, ist Jesus leibhaftig gegenwärtig.
Über das »Wie« der Gegenwart Christi im Abendmahl wurde innerhalb der Christenheit viel gestritten. Heute ist dieser Streit – Gott sei Dank – weitgehend überholt. Es geht heute nicht mehr so sehr um die Frage nach dem »Wie« der Gegenwart Christi im Abendmahl, sondern um das Wissen, *daß* er da ist. So wie Brot und Wein von unserem Körper aufgenommen und eins mit ihm werden, so nimmt Jesus durch seinen Geist Wohnung in uns und verwandelt die Abendmahlsteilnehmer dadurch in seinen Leib.
Damit wird deutlich: Gemeinschaft mit Jesus heißt immer auch Gemeinschaft mit den Mahlgenossen. Seit ältesten Zeiten hat eine

Mahlzeit diese doppelte Bedeutung. Sie ist Gemeinschaft mit Gott *und* den Mahlgenossen. So lesen wir zum Beispiel im Alten Testament, daß Laban und Jakob einen erbitterten Streit hatten. Als dieser Streit beigelegt wurde, haben die beiden als Zeichen der Versöhnung *Gott* ein Opfer dargebracht und *miteinander* gegessen (1 Mose 31,54).
Noch heute ist im Orient eine Mahlzeit Ausdruck einer wirklichen Gemeinschaft, wenigstens dort, wo der Tourismus diese Sitte noch nicht verdorben hat. Wer mit einem Orientalen gegessen hat, der ist sein Freund, und der Gastgeber ist verpflichtet, seinen Gast vor Gefahren zu schützen.
Für das Neue Testament ist diese soziale Dimension des Abendmahls besonders wichtig. Der Apostel Paulus gebraucht in seinem ersten Korintherbrief scharfe Worte gegen Christen, die diese soziale Seite des Abendmahls nicht ernst nehmen. Er sagt, daß sie »unwürdig« das Abendmahl feiern.[93]
(Es ist deshalb eine sinnvolle Geste, wenn Menschen vor der Austeilung des Abendmahls einander die Hand reichen und sich »Frieden« wünschen!)
»Leib Christi« ist also nicht nur das Abendmahls-Brot, sondern auch die Abendmahl feiernde Gemeinde.
Eine solche Verwandlung der Abendmahlsteilnehmer und der Abendmahlselemente in den Leib Christi wird selbst in einer reformierten Abendmahlsliturgie mit folgenden Worten zum Ausdruck gebracht:

»...wir bitten dich um deines lieben Sohnes, Jesu Christi, willen, den du uns gesandt hast als das rechte Brot, das vom Himmel kommt und der Welt das Leben gibt: Verleihe uns deinen Heiligen Geist, daß wir durch ihn Glieder seien am Leibe Christi. Durch ihn segne und heilige uns diese deine Gaben des Brotes und Weines zur wahren Gemeinschaft seines Leibes und Blutes.«[94]

Die altertümliche Sprache soll uns nicht den Blick dafür vernebeln, daß es ein hintergründiges Gebet ist, das seine Wurzeln in der Alten Kirche hat und das heute neue Bedeutung gewinnt: Die irdische Gemeinde aus Fleisch und Blut wird zum Abbild des

Leibes Christi – gemeinsam mit der uns umgebenden Schöpfung, zu der Brot und Wein gehören.
Vom Abendmahlstisch aus geschieht somit Versöhnung der Menschen untereinander und Versöhnung mit der Schöpfung.

Der Blick in die Zukunft

Das Lukas-Evangelium leitet die Einsetzung des Abendmahls mit folgenden Worten Jesu ein:

»Ich werde dieses Mahl nicht mehr essen bis es erfüllt wird im Reich Gottes …« (Lk 22,16).

»Ich werde von der Frucht des Weinstockes nicht mehr trinken bis das Reich Gottes kommt« (Lk 22,18).

Das Abendmahl lenkt somit unseren Blick auf das Reich Gottes. Und was ist das »Reich Gottes«? Es ist die Vereinigung der Gegensätze. Es ist die Verbindung zwischen Himmel und Erde, zwischen Gott und Mensch, zwischen sichtbarer und unsichtbarer Wirklichkeit. Bei jedem Abendmahl, das wir feiern, ist das Reich Gottes zeichenhaft gegenwärtig.
So wie wir irdisches Brot brauchen, damit unser äußerer Mensch wachsen und gedeihen kann, so brauchen wir himmlisches Brot, damit unser innerer Mensch wachsen kann. Während irdisches Brot unseren äußeren Menschen nur eine Zeitlang am Leben erhält, reift während dieser Zeit unser innerer Mensch – ernährt durch das himmlische Brot. Er reift der Ewigkeit entgegen. Paulus drückt das so aus: »Unser äußerer Mensch vergeht, aber unser innerer wird von Tag zu Tag erneuert« (2 Kor 4,16). So wie ein Schmetterling in der Puppe, so wächst unser geistlicher Leib in unserem irdischen Leib. Und wenn der Schmetterling eines Tages ausschlüpft, dann läßt er die Puppe leer zurück. In ähnlicher

Weise wächst auch in unserem »äußeren« Menschen unser »innerer« Mensch. Dieser innere Mensch ist der Mensch, der in Verbindung mit unserem wahren Selbst (das heißt: mit dem Christus in uns) der Ganzheit entgegenreift, der hineinwächst in das Reich Gottes.

Wenn wir Abendmahl feiern, dann haben wir Anteil an der ewigen Welt, in der die Erfahrungen unserer Vergangenheit (auch unserer »Zielverfehlungen«!) zu Bausteinen werden für das zukünftige Reich Gottes, das jetzt schon unsere Gegenwart heilend durchdringt.[95]

Eine »reine« Gemeinde?

Zu allen Zeiten hat es Menschen gegeben, die gemeint haben, daß sie besser seien als andere. Manchmal haben sich solche Menschen mit Gleichgesinnten zusammengeschlossen und dann eine Gemeinschaft gebildet, die sich nach ihrer Meinung vorteilhaft von anderen Gemeinschaften abhob. Sie fühlten sich dann als »reine« Gemeinde.

Die Frage, ob es möglich sei, schon hier auf Erden eine »reine« Gemeinde zu bilden, ist eine sehr alte Frage. Schon zur Zeit Jesu bezeichneten sich die Pharisäer als die »Abgesonderten«, d.h. als die besonders Heiligen und Reinen, im Unterschied zum unwissenden Volk, das das Gesetz nicht kennt (Joh 7,49).

Neben den Pharisäern gab es die Essener, die noch heiliger sein wollten als die Pharisäer. Sie verstanden sich als das wahre Israel, als das gereinigte Gottesvolk der Endzeit; und sie sind schließlich vor lauter Frömmigkeit aus Palästina ausgewandert, und haben in Damaskus eine von den übrigen Juden abgesonderte gereinigte Gemeinde gebildet. Versuche, eine von allem Bösen gereinigte Gemeinde schon hier auf Erden darzustellen, gab es durch die ganze Kirchengeschichte hindurch, und es gibt sie auch heute noch.

Was sollen wir von solchen Versuchen halten? Was sagt Jesus dazu? Jesus antwortet auf die Frage nach der »reinen« Gemeinde mit dem Gleichnis vom Unkraut unter dem Weizen:

»Das Himmelreich gleicht einem Mann, der guten Samen auf seinen Acker säte. Als aber die Leute schliefen, kam sein Feind und säte Unkraut zwischen den Weizen und ging davon. Als nun die Saat wuchs und Frucht brachte, da fand sich auch das Unkraut.

Da traten die Knechte zu dem Bauern und sagten: »Herr, hast du nicht guten Samen auf deinen Acker gesät? Woher hat er denn das Unkraut?« Er antwortete ihnen: »Das hat einer getan, der uns feind ist.« Da fragten ihn die Knechte: »Willst du denn, daß wir hingehen und es ausjäten?« Er sagte: »Nein, damit ihr nicht zugleich den Weizen mit ausrauft, wenn ihr das Unkraut ausjätet. Laßt beides miteinander wachsen bis zur Ernte; und um die Erntezeit will ich zu den Schnittern sagen: Sammelt zuerst das Unkraut und bindet es in Bündel, damit man es verbrennt; aber den Weizen sammelt in meine Scheune!« (Mt 13,24-30).

Weizen und Taumellolch

Wir wollen zunächst die landwirtschaftliche Seite dieses Gleichnisses betrachten.

Es ist von einem Weizenfeld die Rede, in dem erstaunlich viel Unkraut wächst. Und zwar handelt es sich um eine besondere Art Unkraut, die es auch heute noch gibt, besonders in Galiläa. Sie heißt im Hebräischen »Zunim«, im Griechischen »Zizanion« und im Deutschen »Taumellolch« oder auch »Tollkorn«. Es handelt sich um eine giftige Grasart, die etwa 60 cm hoch wird und die im Frühstadium von Weizen nicht zu unterscheiden ist. Später jedoch kann man sie gut unterscheiden durch ihre kleineren und dunkleren Körner. Außerdem sind die Ähren viel lockerer aufgebaut als die Weizenähren.

In unserem Gleichnis wird nun gesagt, daß Weizen und Unkraut nicht von alleine gewachsen sind, sondern, daß der gute Same vom Bauern gesät wurde und daß ein Feind des Bauern das Unkraut gesät hat. Diese Tatsache wird recht anschaulich geschildert: »Als aber die Leute schliefen, kam der Feind des Bauern und säte Unkraut zwischen den Weizen und ging davon.« Eine solche Gemeinheit, daß einer Unkraut in den Acker seines Feindes säte, kam in der damaligen Welt immer wieder vor. Sie wird deshalb im Römischen Gesetzbuch eigens erwähnt und unter Strafe gestellt. Der geschädigte Bauer braucht deshalb nicht lange zu überlegen, woher das Unkraut kommt. Er weiß es: »Das hat einer getan, der uns feind ist!« Die Knechte fragen nun den Bauern: »Willst du, daß wir das Unkraut ausjäten?« Der Bauer antwortet: »Nein, damit ihr nicht den Weizen mit ausrauft, wenn ihr das Unkraut ausjätet.« Wie gesagt, solange der Taumellolch noch klein ist, kann er vom Weizen nicht unterschieden werden. Wenn er jedoch größer geworden ist, kann man ihn gut unterscheiden. In unserem Gleichnis befindet er sich in dem Stadium, in dem er vom Weizen unterschieden werden kann. Es heißt nämlich: »Als die Saat anfing Frucht hervorzubringen.« Aber in diesem Stadium sind die Wurzeln des Weizens und des Lolchs schon so ineinander verfilzt, daß man Gefahr läuft, den Weizen mit auszuraufen, wenn man das Unkraut ausjäten will. Es bleibt also nichts anderes übrig, als zu warten und sowohl den Weizen als auch den Taumellolch wachsen zu lassen. So sagt auch der Bauer: »Laßt beides wachsen bis zur Ernte!« Bei der Ernte erfolgt die Scheidung zwischen Unkraut und Weizen. Wir lesen: »Bei der Ernte will ich den Schnittern sagen, sammelt zuerst das Unkraut und bindet es in Bündel, damit man es verbrennt; aber den Weizen sammelt in meine Scheunen!« Im damaligen Palästina wurde mit einer leicht gezahnten Sichel geerntet. Dazu wurden zusätzlich Schnitter gedungen. Die Schnitter ergriffen das Getreide mit der linken Hand, so viel sie packen konnten und hieben mit der Rechten die Halme ab. Sie legten dann das Getreide büschelweise nieder. Die Büschel brauchten nicht getrocknet zu werden, da in dem sehr trockenen Klima das Getreide schon vorher auf dem Halm ganz trocken war. Diese Bündel wurden dann aufgehoben und zum Dreschen gebracht. Dabei wurde der Lolch aussortiert und extra gebündelt. Er diente als Brennmaterial.

Christen und Scheinchristen

Was will Jesus mit diesem Gleichnis sagen? Er meint: Wie in einem Weizenfeld der Weizen zusammen mit dem Unkraut aufwächst und wie man beides zunächst nicht unterscheiden kann, so ist es auch in der christlichen Gemeinde.

Mitten unter den wahren Christen gibt es Heuchler und Scheinchristen. Paulus sagt von solchen Christen: »Sie geben sich den Anschein der Frömmigkeit« (2 Tim 3,5). Man kann beide zunächst nicht voneinander unterscheiden.

Die Reformatoren haben diese Tatsache in einer ihrer Bekenntnisschriften folgendermaßen formuliert: »Obwohl die christliche Kirche ihrem Wesen nach die Versammlung der Heiligen und der wahrhaft Gläubigen ist, sind trotzdem in diesem Leben viele Heuchler und Böse daruntergemischt.« Mit dieser Aussage waren natürlich nicht alle einverstanden und so wurden immer wieder in christlichen Kirchen und Gemeinschaften Versuche unternommen, *doch* das Unkraut vom Weizen zu scheiden. Aber alle diese Versuche waren zum Scheitern verurteilt. Es gab dann nur neue Spaltungen, weil sich herausstellte, daß auch in den scheinbar gereinigten Gemeinden doch wieder Unkraut vorhanden war.

Es bleibt also dabei: In der christlichen Gemeinde sind, genau wie im Weizenfeld unseres Gleichnisses, Unkraut und Weizen gemischt. Sollen wir uns damit abfinden und sagen: »Es ist egal, ob einer Christ ist oder nicht – am Schluß gibt es doch eine gute Ernte!« Das ist nicht die Meinung dieses Gleichnisses, sondern Jesus sagt: »Laßt beides miteinander wachsen bis zur Ernte!«

Im Laufe der Zeit wird sich dann schon zeigen, was gute Frucht bringt und was nicht. Und dabei werden wir alle unsere Überraschungen erleben. Manches von dem, was wir für schlecht gehalten haben, wird sich in Wahrheit als gut erweisen, und manches von dem, was wir als gut betrachtet haben, erweist sich in Wahrheit als schlecht! Deshalb gilt: Richtet nicht vor der Zeit! – Wachsen lassen, wachsen lassen! Es wird sich schon zeigen, was echt ist und was nicht! Alles vorzeitige Urteilen stiftet nur Unheil!

Weizen und Unkraut in uns

Wir Menschen können Weizen und Unkraut nicht unterscheiden – vor allem nicht bei anderen! Wir können hier auf Erden andere nicht beurteilen oder gar verurteilen!
Warum eigentlich nicht? Weil Unkraut und Weizen nicht nur auf dem Acker und nicht nur in der christlichen Gemeinde gemischt sind, sondern auch in unserem eigenen Herzen. In *jedem* Christen ist Weizen und Unkraut, Gutes und Schlechtes, Echtes und Unechtes gemischt. Wenn wir bei unseren Mitmenschen etwas verurteilen, dann ist es in der Regel das, was auch in unserem eigenen Herzen ist. So schreibt Paulus im Römerbrief: »Worin du den andern richtest, darin verurteilst du dich selbst. Denn du tust dasselbe, was du verurteilst!« (Röm 2,1).
Seltsam, daß wir Menschen es immer wieder vergessen, daß die Bosheiten unseres eigenen Herzens nirgends deutlicher sichtbar werden, als wenn wir sie bei anderen verurteilen. Auch Jesus sagt: »Was siehst du den Splitter im Auge deines Bruders und nimmst nicht den Balken in deinem Auge wahr? Oder wie kannst du zu deinem Bruder sagen: Ich will dir den Splitter aus deinem Auge ziehen! – und siehe, ein Balken steckt in deinem Auge. Du Heuchler! Ziehe zuerst den Balken aus deinem Auge, danach sieh zu, wie du den Splitter aus dem Auge deines Bruders ziehst!« (Mt 7,3ff.).
Jesus meint also: Wir verurteilen beim anderen nicht nur das, was in uns selber verkehrt ist, sondern wir erkennen beim anderen gerade die Bosheiten und Gefahren besonders deutlich, die in uns besonders ausgeprägt sind. Wir erkennen *deshalb* den Splitter beim anderen so gut, weil unser Balken aus demselben Holz besteht. Holz erkennt Holz! Kümmern wir uns um unseren eigenen Balken, und überlassen wir alles andere Gott. Gott ist der Einzige, der wirklich unterscheiden kann zwischen Weizen und Unkraut. Und er wird unterscheiden zu seiner Zeit. In der Zwischenzeit wollen wir dankbar sein für die Menschen, die uns Mühe machen, denn gerade diese Menschen haben wir besonders nötig. Es gibt keine zufälligen

Begegnungen, sondern wir ziehen jeweils die Menschen an, die wir brauchen und die uns brauchen. Gerade an den Menschen, die uns Mühe machen, können wir besonders deutlich erkennen, wo unsere Schattenseiten liegen.
Wenn wir es lernen, unsere eigenen Dunkelheiten zu erkennen, dann vergeht uns das Urteilen und Verurteilen, und wir sind froh, daß Gott nicht vor der Zeit richtet, sondern daß er immer wieder neu mit uns anfängt – mit uns und mit den andern.

Das Eigentliche stirbt nicht

Einstimmung

Ich habe den Toten lange betrachtet. Er lag vor mir wie ein Fremder: ein bäuerlicher Mensch, ein Handwerker mit einem markanten Schädel, wie aus Holz geschnitzt. Ich wußte zwar, daß mein väterlicher Freund Alfons Rosenberg – kundiger Seelenführer und Symbolforscher – viele Jahre seines Lebens als Bauer und Handwerker gearbeitet hatte (und das gerne und gut!) – aber ich habe ihn so nicht gekannt. Ich habe ihn gekannt als einen eher gebrechlichen Menschen, empfindsam und freundlich, mit einem wissenden und häufig auch schalkhaften Lächeln. Er war ein Wissender und ein Weiser. Von denen, die ihm begegnet sind, wurde er oft als »der alte Weise« bezeichnet. Und jetzt lag er vor mir als ein völlig anderer.

Während ich seinen Leib betrachtete, war es mir, als stünde Alfons Rosenberg neben mir – strahlend und verklärt – mit einem heiteren Lächeln. So, als wollte er sagen: Der Leib, den du betrachtest, das bin nicht ich. Das ist nur das Haus, in dem ich gewohnt habe. Zuletzt war es ein gebrechliches Haus, und ich bin gerne ausgezogen. Und während er das sagte, entfernte er sich – heiter, mit tanzenden Schritten.

Mir kam ein Wort des Apostels Paulus in den Sinn: »Was sichtbar ist, das ist vergänglich, was unsichtbar ist, das ist ewig« (2 Kor 4,18), und »Unser äußerer Mensch verdirbt, aber unser innerer wird von Tag zu Tag erneuert« (2 Kor 4,16). Der Epheserbrief fordert uns deshalb auf, stark zu werden am »inneren« Menschen (Eph 3,16).

Die Analytische Psychologie redet in diesem Zusammenhang von dem jedermann potentiell innewohnenden »größeren« (d.h. ganzheitlichen) Menschen, der durch den Individuationsprozeß (d.h. durch die jedem Menschen innewohnende Entfaltungsmöglichkeit) verwirklicht werden kann.

Wenn dieser »innere« Mensch in unserem Leib zu wachsen beginnt, dann dringt sein Leuchten mehr und mehr auch durch die Hülle des äußeren Leibes. Bei einigen Menschen kann es dann geschehen, daß diese innere geistliche Leiblichkeit den äußeren Leib so völlig durchdringt, daß der äußere kaum mehr wahrgenommen wird, sondern nur noch die »Ausstrahlung« des inneren. Wir sagen dann, daß ein solcher Mensch »eine starke Ausstrahlung« hat.

So ist es mir mit Alfons Rosenberg ergangen. Als ich den Toten betrachtete, merkte ich, daß ich in den zwanzig Jahren, in denen ich ihn gekannt habe, gar nicht seinen äußeren Leib wahrgenommen hatte, sondern nur die Ausstrahlung seines inneren Menschen. Deshalb kam mir der Tote jetzt vor wie ein Fremder. Da wurde ich froh und wußte: Der Leib, der verwest, das ist nicht mein Freund, sondern das, was Alfons Rosenberg eigentlich war, das ist nicht gestorben. Es ist geblieben und wird auch bleiben in alle Ewigkeit.

Von der Schönheit der ewigen Welt

Wenn die letzten Blumen verblühen und die Blätter von den Bäumen fallen, werden wir Jahr für Jahr an die Vergänglichkeit unseres Lebens erinnert. Dann hält unser inneres Auge Ausschau nach der ewigen Welt, die nicht der Vergänglichkeit unterworfen ist.
Was wissen wir von dieser ewigen unvergänglichen Welt? Der Apostel Paulus hat es einmal so ausgedrückt:

»Was kein Auge gesehen und kein Ohr gehört, was auch in keines Menschen Herz gekommen ist, das hat Gott denen bereitet, die ihn lieben. Uns aber hat es Gott geoffenbart durch seinen Geist« (1Kor 2,9f.).

Dieser Text wendet sich an Menschen, die Heimweh haben, Heimweh nach einer Welt, in der all das, was so laut auf uns eindringt, zur Ruhe gekommen ist, in der wir der Hetze und den Zwängen der vordergründigen Welt entkommen sind. Er wendet sich an Menschen, die Heimweh haben nach der ewigen Welt.

Die äußere Wirklichkeit

Unser Text redet zunächst vom *Auge*. Wieviel Schönes sieht doch unser Auge! Hochragende Berge und stürmische Meere, dunkle Wälder und leuchtende Sterne, die Tempel von Paestum, die Statuen eines Michelangelo und die Gemälde eines Rembrandt, das Leuchten in den Augen eines Kindes und das Lächeln eines geliebten Menschen. Ja, es gibt unendlich viel Schönes auf der Welt, und es ist gut, wenn wir den Aufruf des Dichters beherzigen:

»Trink, o Auge, was die Wimper hält,
von dem goldnen Überfluß der Welt.«

Aber neben dem goldnen Überfluß gibt es auch viel Dunkles in dieser Welt, und unsere Augen sehen – und sei es nur auf dem Bildschirm – viel Schreckliches: vernichtete Tropenwälder, sterbende Landschaften, verschmutzte Gewässer, hungernde und gequälte Menschen. Welch eine Diskrepanz!
An zweiter Stelle spricht unser Text vom *Ohr*. Wieviel Schönes hört doch unser Ohr: die festliche Musik eines Händel, die gewaltigen Symphonien eines Beethoven und die himmlischen Harmonien eines Mozart; das Singen der Vögel und das gute Wort eines Menschen. Aber unser Ohr hört auch ganz andere Töne: Das Krachen von Kanonen, die Schmerzensschreie gequälter Menschen und Tiere, verlogene Reden selbstsüchtiger Diktatoren, giftige und verleumderische Worte falscher Freunde. Und wieder gilt es, diese Diskrepanz auszuhalten.
Und schließlich das Dritte: unser *Herz*. In unserem Herzen lebt unendlich viel Schönes: Freude und Traurigkeit, warme Gefühle und stürmische Leidenschaft, Sehnsucht und Liebe. Wir kennen jedoch auch die Gegenkräfte, die in unserem Herzen sind: Hartes und Gemeines, Gier und Korruption, Neid, Eifersucht, Rechthaberei und Kleinlichkeit.
Welch eine Vielfalt, die unser Auge sieht, die unser Ohr hört und die unser Herz bewegt, und welch eine Diskrepanz, die uns fast zerreißen will!

Die innere Wirklichkeit

Und doch meint unser Text all das nicht, sondern er meint das, was *kein* Auge gesehen und *kein* Ohr gehört und in *keines* Menschen Herz gekommen ist – das, was Gott denen bereitet hat, die ihn lieben.

Was meint Paulus damit? Er meint die hintergründige Wirklichkeit, die all das Vordergründige durchdringt und überhöht. Es ist die göttliche Wirklichkeit, die unser physisches Auge, Ohr und Herz nicht erfassen kann, sondern die sich nur dem inneren Auge, Ohr und Herz erschließt.

Menschen, denen das innere *Auge* geöffnet war, wie zum Beispiel dem großen Seher Plato oder dem Paulus von Tarsus oder der Therese von Avila, machen deshalb einen deutlichen Unterschied zwischen der sichtbaren und der unsichtbaren Wirklichkeit. Sie sind immer wieder überwältigt von der Schönheit der unsichtbaren Wirklichkeit, die sie mit ihrem inneren Auge schauen.

Es gibt auch heute noch Menschen, denen das innere *Auge* geöffnet ist. Sie alle bezeugen, daß die Schönheit und der Glanz der jenseitigen Wirklichkeit alles übertrifft, was man sich auf Erden vorstellen kann.

Dasselbe gilt vom *Ohr*. Die alten Griechen wußten, daß es eine Musik gibt, die wir mit unseren irdischen Ohren nicht hören können, nämlich die Musik der Sphären. Diese Musik ist tiefer und höher und feiner als all das, was unser irdisches Ohr aufnehmen kann. Sie kann nur mit dem inneren Ohr gehört werden. Menschen, denen das innere Ohr geöffnet ist, sind immer wieder überwältigt von der Schönheit dieser Musik.

Rainer Maria Rilke hat ein Sonett über das Hören geschrieben. In diesem Sonett spricht er vom »Tempel im Gehör«[96]. Ein Tempel ist die Wohnstatt Gottes. Ein Tempel im Gehör bedeutet somit, daß all das, was wir hören, eine hintergründige göttliche Dimension hat. Es sind dies die Töne hinter den Tönen, die nur unser inneres geistliches Ohr erlauschen kann.

Und schließlich: unser *Herz*. Wenn alles gesagt ist, was im Herzen ist, wenn wir zu den Tiefen des Unbewußten vorgedrungen sind, dann gibt es noch eine Schicht, die tiefer ist als alles, nämlich die große Leere, die zugleich die große Fülle ist, und dort wohnt Gott. Dort wohnt auch unser wahres Selbst, in dem alles zusammengefaßt ist, was unser Herz bewegt, das, was wir wissen und das, was wir nicht wissen. Dieses unser wahres Selbst ist größer als unser Herz. Ja, die jenseitige göttliche Wirklichkeit ist schöner, größer und reicher als die diesseitige Wirklichkeit. Aber sie ist doch keine völlig andere Wirklichkeit, sondern sie ist das Urbild, das sich im Abbild spiegelt. Gewiß, manchmal ist unser Spiegel uneben und trüb, so daß unser Auge, Ohr und Herz das ewige Urbild nur undeutlich und verzerrt wahrnehmen kann. Manchmal ist jedoch der Spiegel rein und klar, und wir ahnen in dem, was unser Auge sieht, unser Ohr hört und unser Herz bewegt, die Schönheit der jenseitigen Welt. Ja, es kann sogar sein, daß in seltenen Augenblicken unser Auge, Ohr und Herz so überwältigt wird vom Glanz der jenseitigen Wirklichkeit, daß die Übergänge fließend werden und wir nicht mehr wissen, ob wir bei solchen Gipfelerlebnissen noch in der diesseitigen Welt sind oder schon in der jenseitigen.[97]

Was ist eigentlich der Haupt-Unterschied zwischen der diesseitigen und der jenseitigen Wirklichkeit? Die diesseitige, vordergründige Wirklichkeit ist eine Welt der Gegensätze und der Einseitigkeiten, des Entweder-Oder. Es ist eine Welt der Diskrepanz zwischen gut und böse, zwischen hell und dunkel, zwischen edel und gemein.

Die jenseitige göttliche Welt dagegen ist eine Welt, die gekennzeichnet ist durch eine dynamische Ganzheit, das heißt: Die Gegensätze sind kein einseitiges Entweder-Oder, sondern sie stehen in polarer Spannung zueinander und bilden so eine dynamische Einheit.

Menschen, die mit ihren inneren Sinnen die jenseitige Welt erahnen, haben eine große Sehnsucht nach dieser Welt. So meint z.B. der Apostel Paulus:

»Ich habe ein unbändiges Verlangen nach der jenseitigen Welt, um mit Christus vereinigt zu sein. Dorthin zu gehen, wäre auch viel besser, aber es ist um euretwillen notwendiger, jetzt noch hier zu bleiben« (Phil 1,23f.).

Ja, die jenseitige Welt ist besser, aber für uns, die wir noch hier sind, ist es notwendiger, hier zu sein. Schon allein die Tatsache, daß wir noch hier sind, macht deutlich, daß wir hier noch eine Aufgabe zu erfüllen haben; eine Aufgabe, der wir uns nicht entziehen dürfen, wenn wir nicht das Ziel unseres Lebens verfehlen wollen.

Die Offenbarung des Geistes

Wenn Paulus schreibt, daß uns Gott das Geheimnis der jenseitigen Wirklichkeit durch seinen Geist geoffenbart hat, dann stellt sich die Frage: Wie redet Gott durch seinen Geist? Wie wir bereits oben ausführten, gebraucht die Bibel mancherlei Bilder, Symbole und Begriffe für den Heiligen Geist. Ich möchte noch einmal die drei Begriffe aufgreifen, die mir auch im Zusammenhang mit unserem Text bedeutsam erscheinen. Die Bibel vergleicht den Geist mit dem Feuer und mit dem Wind, und sie bezeichnet ihn als einen Geist der Liebe.

Gottes Geist offenbart sich im Feuer, das unser *Auge* sieht. So offenbarte sich Gott z.B. dem Mose im brennenden Dornbusch und den Jüngern Jesu in den Feuerflammen des Pfingstfestes. Das für unser äußeres Auge sichtbare Feuer offenbart unserem inneren Auge die göttliche Wirklichkeit und läßt uns etwas erahnen vom Wesen des unsichtbaren göttlichen Geistes.

Der Geist Gottes ist ein Feuer, das läutert. Es verbrennt alles, was nichts taugt. Das ist ein schmerzhafter Prozeß, aber er dient dazu, das Gold aus unserer Seele herauszuschmelzen. Es gibt kein geistliches Wachstum ohne einen solchen Läuterungsprozeß. Aber Feuer läutert nicht nur, sondern es leuchtet und wärmt auch!

Gott offenbart sich weiterhin im Wind, den unser *Ohr* hört. So offenbarte sich Gott z.B. dem Propheten Elia am Berge Horeb als ein sanftes Wehen und den Jüngern Jesu am Pfingstfest als ein gewaltiges Brausen. Das für unser äußeres Ohr hörbare Sausen des Windes offenbart unserem inneren Ohr die unhörbare göttliche Wirklichkeit und läßt uns erahnen, daß Gottes Geist uns durchschüttelt wie ein Sturm, daß er uns erquickt wie ein kühler Wind an einem heißen Tag und daß er uns belebt, wie die Luft, die wir atmen.

Und schließlich: Gott offenbart sich als ein Geist der Liebe. Was die Liebe eines Menschen ihrem eigentlichen Wesen nach ist, kann unser Auge und Ohr nicht erfassen, aber unser *Herz* wird davon bewegt. So erlebten die Menschen des ersten Jahrhunderts die Liebe Gottes, wenn sie Jesus begegneten – und ihre Herzen wurden bewegt. Die ersten Christen erkannte man an der Liebe, die sie zueinander hatten, so wie Jesus gesagt hatte:

»Daran wird jedermann erkennen, daß ihr meine Jünger seid, wenn ihr Liebe untereinander habt« (Joh 13,35).

Die Liebe eines Menschen, die unser Herz bewegt und beglückt, ist ein Vorgeschmack der Liebe Gottes, die das Fassungsvermögen unseres menschlichen Herzens übersteigt. Sie erweckt in uns die Gegenliebe und läßt uns dadurch etwas erahnen von der Schönheit der göttlichen Welt, von dem, was kein Auge gesehen und kein Ohr gehört hat und was in keines Menschen Herz gekommen ist, von dem, was Gott bereitet hat denen, die ihn lieben.

Heimweh nach der himmlischen Heimat

Von meinem Arbeitszimmer aus habe ich einen Blick auf den Friedhof. Die vielen Gräber erinnern mich an die Vergänglichkeit unseres irdischen Lebens – insbesondere an meine eigene Vergänglichkeit. Eine solche Erinnerung erscheint mir wichtig. Denn nur wenn unser Blick auf die Ewigkeit gerichtet ist, gewinnt unser irdisches Leben den rechten Tiefgang.
Auch die Verfasser der Bibel haben immer wieder über die Vergänglichkeit des menschlichen Lebens nachgedacht – so z.B. der Apostel Paulus in seinem 2. Korintherbrief. Er schreibt:

Unser äußerer Mensch vergeht, doch unser innerer Mensch wird von Tag zu Tag erneuert ... Denn, was sichtbar ist, das ist zeitlich, was aber unsichtbar ist, das ist ewig. Wir haben deshalb die Gewißheit: wenn unsere irdische Hütte abgebrochen wird, dann haben wir einen festen Bau, von Gott erbaut, ein Haus, das nicht mit Händen gemacht ist, das ewig ist im Himmel ... Wir sehnen uns danach, daß wir mit unserem Haus, das vom Himmel ist, überkleidet werden ... Gott selber hat uns dazu bereitet und uns den Geist als Angeld gegeben (2 Kor 4,16-5,5).

Der äußere und der innere Mensch

In diesem Text unterscheidet Paulus zwischen unserer irdischen Existenz, die eng verbunden ist mit unserem irdischen Leib, und unserer himmlischen Existenz, die eng verbunden ist mit unserem himmlischen Leib. Unsere irdische Existenz vergleicht er mit einer zerbrechlichen Hütte und unsere himmlische Existenz mit einem festen Haus.

Irgendwann im Leben merken wir alle – die einen früher, die anderen später –, daß unser irdischer Leib eine zerbrechliche Hütte ist und keinen Bestand hat. Auch der Apostel Paulus wußte um die Schwachheit seines irdischen Leibes. Besonders im 2. Korintherbrief gewährt er uns Einblicke in die Mühen, die er mit seinem vergänglichen irdischen Leib hat. Er sehnt sich deshalb nach dem unvergänglichen ewigen Leib.

Unsere irdische Existenz bezeichnet Paulus auch als den »äußeren« Menschen und unsere himmlische Existenz als den »inneren« Menschen. Er meint: Unser äußerer Mensch ist sichtbar und vergänglich – unser innerer Mensch dagegen ist unsichtbar und unvergänglich.[98]

Unseren äußeren, sichtbaren Menschen kennen wir. Wir haben ständig mit ihm zu tun und er mit uns. Aber wer ist dieser geheimnisvolle, unsichtbare, innere Mensch?

Unser innerer Mensch ist unser wahres Selbst, das, was wir eigentlich sind, nämlich ein Abbild Gottes. Der innere Mensch ist der Christus in uns, der bestrebt ist, unser Leben mehr und mehr zu durchdringen und auszufüllen. Zu diesem inneren Menschen gehören nicht nur die uns bekannten Seiten, die uns bewußt sind, sondern auch die uns unbekannten Seiten, die uns nicht bewußt sind. Der innere Mensch ist der größere Mensch. Von ihm gilt, was Jesus im Gleichnis vom Senfkorn sagt, nämlich, daß ein winziges Samenkorn zu einer großen Pflanze heranwächst.

Der Dichter Hans Carossa hat es einmal so ausgedrückt:

»Den kristallenen Leib im Leib lasse ich langsam Gestalt gewinnen.«

Er meint damit: Wie ein Kristall nach einem in ihm liegenden unsichtbaren Muster wächst, so wächst auch unser innerer Mensch nach einem in ihm liegenden göttlichen Plan und erfüllt mehr und mehr unsere Existenz, er wächst sogar über uns hinaus, denn der Christus in uns ist zugleich der kosmische Christus, der unsere irdische Begrenzung überragt, der größer ist als wir selber. Er nimmt uns mit hinein in ein kosmisches Bewußtsein.

Die Umwandlung

Diese Umwandlung geschieht nicht plötzlich, sondern es ist wie bei einer Raupe, die sich verpuppt. In der Puppe wird die Raupe allmählich abgebaut, und der Schmetterling wird allmählich aufgebaut. Dieser Vorgang vollzieht sich für den Betrachter unsichtbar im Innern der Puppe. So ist das auch bei uns Menschen: In unserer irdischen, sterblichen Existenz wächst im Verborgenen unsere himmlische, ewige Existenz.

Kehren wir zurück zum Bild von der Hütte und vom festen Haus. Paulus meint: Es findet kein Umzug statt aus der zerbrechlichen Hütte heraus und ins feste Haus hinein, sondern der Einzug ins himmlische Haus erfolgt noch während wir in unserer irdischen Hütte leben. Paulus sagt es so: Wir wollen nicht »entkleidet«, sondern mit unserer himmlischen Behausung »überkleidet« werden (2 Kor 5,4). Wie können wir uns das vorstellen? Daß eine Hütte mit einem festen Haus »überkleidet« wird, habe ich in den Armenvierteln südamerikanischer Großstädte anschaulich erlebt. Dort haben die Armen nur ein kleines Stück Land, auf dem eine zerbrechliche Hütte, meistens eine Bretterbude steht. Wenn diese Menschen dann etwas verdienen, so daß sie sich ein paar Backsteine kaufen können, haben sie keinen anderen Bauplatz, als den Platz, auf dem ihre Hütte steht. Sie bauen deshalb in einem entsprechenden Abstand um die Hütte herum ein neues festes Haus. Während der Neubau wächst, wohnen sie weiterhin in ihrer Bretterbude. Wenn dann das neue Haus fertig ist, brechen sie die alte Hütte ab und tragen die Bretter durch die Tür des neuen Hauses hinaus und wohnen dann ohne Übergang in diesem neuen, festen Haus. Die alte Hütte wird also buchstäblich mit dem neuen, festen Haus »überkleidet«.

Paulus meint: So ist das auch mit unserem irdischen Leib. Während wir hier auf Erden leben, entsteht unsichtbar unser neuer Leib, und wenn dann unsere irdische Hütte abgebrochen wird, d.h. wenn wir unseren irdischen Leib verlassen, dann leben wir übergangslos in einer neuen Existenz.

Die Sehnsucht des Geistes

Vielleicht fragen Sie jetzt: Ist das nicht alles Wunschdenken? Woher weiß denn Paulus, daß es tatsächlich einen solchen festen Bau gibt, der ewig ist im Himmel, und mit dem wir überkleidet werden? Nun, Paulus sagt zunächst, daß es ihm der erhöhte Christus offenbart habe. Er sagt aber auch, daß er es aus eigener Anschauung weiß, denn er sei selber in den Himmel entrückt worden und habe die himmlische Herrlichkeit mit eigenen Augen geschaut.[99] Paulus ist nicht der einzige, der solche Erfahrungen gemacht hat, sondern es gibt auch andere Menschen, denen schon in ihrem irdischen Leben Einblicke in die jenseitige Wirklichkeit gewährt worden sind und die infolge solcher Erfahrungen eine unstillbare Sehnsucht nach der himmlischen Heimat haben.

Menschen, die solche Erfahrungen gemacht haben, sind in der Regel keine überspannten Frömmler, sondern Männer und Frauen, die mit beiden Füßen auf dem Boden stehen und in dieser Welt etwas Rechtes leisten. Eine solche Frau war z.B. Therese von Avila. Sie schreibt über ihre Erfahrungen:

»Der Glanz der jenseitigen Wirklichkeit übertrifft alles, was man sich auf Erden vorstellen kann. Im Vergleich mit diesem Licht erscheint selbst die Klarheit der Sonne, welche wir sehen, so dunkel, daß man ihretwegen nicht einmal die Augen öffnen möchte.«[100]

Therese empfand das Aufhören ihrer Ekstasen jeweils wie eine Ausstoßung aus dem Paradies. Ihre Rückkehr in den Alltag empfand sie geradezu als eine Verbannung – obwohl sie dann gerade infolge ihrer ekstatischen Erlebnisse den Alltag in einer großartigen Weise meisterte. Es war für sie ein namenloser Schmerz, das Ewige geschaut zu haben und in der Vergänglichkeit leben zu müssen.[101] Die Schau der himmlischen Herrlichkeit bewirkte in ihr eine starke Sehnsucht nach dem Sterben, das für sie der Eingang in die himmlische Heimat bedeutete. Sie schreibt: »Ich sterbe fast vor Schmerzen, weil ich noch nicht sterben kann.«[102]

Dieses Wort erinnert an den Ausspruch des Apostels Paulus: »Ich habe ein großes Verlangen zu sterben und bei Christus zu sein« (Phil 1,23). Auch für Paulus hat die vordergründige Welt ihren Glanz verloren. Er hat die himmlische Welt geschaut und weiß, daß im Vergleich zu unserem himmlischen Haus unsere irdische Existenz nur eine zerbrechliche Hütte ist.
Das bedeutet für ihn jedoch in keiner Weise, daß er die äußeren Dinge des Lebens vernachlässigt. Im Gegenteil: Er weiß, daß die äußeren Dinge des Lebens erst dort in rechter Weise bewältigt werden können, wo sie im Lichte der ewigen Welt betrachtet werden. Je näher wir bei Gott sind, desto bedeutsamer werden für uns die Aufgaben, die wir auf dieser Erde zu erfüllen haben.
Auf die Frage, wer dieses himmlische Haus baut, antwortet Paulus: Gott baut dieses Haus durch seinen Heiligen Geist, den er uns jetzt schon als Angeld gibt. Es geht also darum, daß wir uns auf das Wirken des Geistes einlassen und so am Bau unseres ewigen Hauses mitwirken.
Und wie können wir erkennen, daß ein solcher Bau entsteht? Darauf gibt uns das Neue Testament eine klare Antwort: Das Wirken des Geistes erkennt man an der Liebe. Man erkennt das Geisteswirken nicht am richtigen Glaubensbekenntnis – das können auch Heuchler sprechen. Man erkennt es auch nicht an Zeugnissen über persönliche Erfahrungen – die können auch unecht sein. Aber man erkennt das Geisteswirken an der Liebe. In dem Maße, wie wir durch einen Menschen Liebe erfahren, in dem Maße begegnet uns der Geist Gottes, der in diesem Menschen wirkt. Denn wo Liebe ist, da ist Gott.[103] Diese göttliche Liebe ist ein Gruß aus der ewigen Welt, und sie weckt die Sehnsucht des in uns wohnenden Geistes nach seiner himmlischen Heimat. Sie weckt das Heimweh nach der Ewigkeit.

Anmerkungen

1 Dieses Erlebnis ist in gar keiner Weise eine Rechtfertigung der äußerst problematischen kulturellen Überfremdung anderer Völker durch christliche Missionare (vgl. hierzu A. Bittlinger, Christen in Afrika, Craheim 1975)!
2 Vgl. D. Sölle, »Es muß doch mehr als alles geben«, Homburg 1992
3 Z.B. Psalm 23
4 Z.B. Psalm 89,27; Jes. 66,13 u.a.; vgl. hierzu D. Sölle, a.a.O., 38: »Familiaristische Gottessymbole, die Rede von Gott unserem Vater und Gott unserer Mutter können befreienden Charakter haben… weil sie uns einbinden in die Natur und in die menschliche Familie.«
5 Z.B. 1 Mose 31,42 u. 54
6 Z.B. Ps 22,2f.
7 Z.B. Amos 9,5 und außerdem noch 278 mal! vgl. L. Köhler, Theologie des Alten Testaments, Tübingen 1947, 12
8 Vgl. hierzu Spr 1,20ff.; 1 Kor 1,30 u.a.
9 Z.B. 2 Mose 40,38
10 Z.B. 1 Mose 17,1 u.a.
11 Z.B. Ps 103,8 u.a.
12 Z.B. Klagelieder 3,10 u.a.
13 Z.B. 2 Mose 19,4 u.a.
14 Vgl. hierzu A. Bittlinger, »Das Vaterunser. Erlebt im Licht von Tiefenpsychologie und Chakrenmeditation«, München 1990, 62
15 Vgl. 1 Mose 3,10
16 Vgl. hierzu auch 2 Kor 3,17
17 Z.B. Richter 9,23; 1 Sam 16,14f. u.a.
18 Vgl. Röm 8,21 u.a.
19 Z.B. 1 Mose 3,10; Mt 25,24f.; Lk 19,21
20 Vgl. hierzu das Gottesbild des älteren Sohnes in Lk 15,29 (siehe nächstes Kapitel!)

21 Vgl. 2 Sam 24, 1 u. 10 u. 15; vgl. auch A. Bittlinger, »Auf dem Weg zur Ganzheit«, Metanoia-Verlag, 7. Auflage, 5ff.
22 Vgl. hierzu das Wort von Kierkegaard: »Der Beter ringt mit Gott im Gebet und siegt dadurch, daß Gott in ihm siegt.«, S. Kierkegaard, »Werke«, 3. Aufl., Bd. 4, S. 332
23 Hes 14,14
24 Jak. 5,11
25 Vgl. z.B. Tilmann Moser, Gottesvergiftung, Frankfurt am Main 1977
26 1 Mose 32,25ff.
27 Psalm 139,8
28 In Joh 8,58 sagt Jesus: »Bevor Abraham geboren wurde, *bin ich«*
29 Hiob 42,12ff. Hiob erhält sogar ein »Schminkdöslein« (42,14 hebr.: Keren-Happuch), d.h. Gott gibt nicht nur das Notwendige, sondern auch das Schöne (42,15)! Eine Frau, die einen sehr harten Vater hatte, der ihr einmal ein »Schminkdöslein« aus den Händen geschlagen hatte (»Ein anständiges Mädchen schminkt sich nicht!«), hatte auch ein entsprechend hartes Gottesbild. Als sie las, daß Gott dem Hiob eine Tochter namens »Schminkdöslein« schenkte, war sie von diesem Gott so überwältigt, daß ihr dieser Vers eine Tür zu einem neuen Gottesbild öffnete!
30 Vgl. hierzu A. Bittlinger, »Auf dem Weg zur Ganzheit«, 8
31 Kinder- und Hausmärchen (KMH) Nr. 32
32 Der Ausdruck »Leitbildspiegelung« stammt von Peter Schellenbaum; vgl. hierzu P. Schellenbaum: »Wir sehen uns im Andern«, Metanoia-Verlag
33 »Auf dem Weg zur Ganzheit«, 38
34 In der Familie fehlt die Mutter. Warum wohl? Vgl. hierzu A. Bittlinger: »Hat das Christentum den Boden unter den Füßen verloren?«, »Gedanken & Studien«, Metanoia-Verlag. W. Hollenweger hat in seinem Verkündigungsspiel »Die verlorenen Söhne«, »Das Fest der Verlorenen«, Chr. Kaiser- Verlag, statt des Vaters eine Mutter als Zentralfigur unseres Gleichnisses eingesetzt!
35 Vgl. »Auf dem Weg zur Ganzheit«, 47
36 Vgl. hierzu »Auf dem Weg zur Ganzheit«, 37
37 Vgl. Joh 3,16
38 Vgl. 1 Mose 1,27; Kol 1,15; Röm 8,29
39 Vgl. Mt 1,23
40 Lk 1,38

41 Mt 1,19; daß Josef auch später noch von Zweifeln angefochten wird, wird häufig auf russischen Weihnachts-Ikonen zum Ausdruck gebracht; vgl. hierzu z.B. Helene Hoerni-Jung, »Maria, Bild des Weiblichen«, München 1991, 67f.

42 Mt 1,20ff.

43 Dies wird z.B. durch die Flucht nach Ägypten zum Ausdruck gebracht: Mt 2,13f.

44 »Mit Ernst, o Menschenkinder ...«, Vers 2 (Kirchengesangbuch der Ev. Ref. Kirche der Schweiz Nr. 106)

45 Matthias Claudius, Werke, Dresden o. J., Band 1, 227f.

46 Lk 2,1-20

47 Mt 2,1-12

48 Der Saturn wurde unter dem Namen Kewan sogar zeitweilig im jüdischen Tempel verehrt.

49 Z.B. Mt 23,13ff.

50 Lk 9,54

51 Joh 6,15

52 Mt 26,53

53 Lk 23,8f.

54 Mt 4,3

55 Lk 4,5ff.

56 Lk 4,9ff.

57 Jes 50,7: »Ich habe mein Angesicht hart gemacht wie ein Kieselstein« wurde von der frühen Christenheit auf den Christus bezogen, der konsequent seinen Weg ging – bis in den Tod. Vgl. Joh 11,7f.

58 Und wenig später: »in Deine Hände befehle ich meinen Geist« (Lk 23,46)

59 So übersetzen jüdische Gelehrte das hebräische »lama«! Vgl. z.B. S.R. Hirsch, Übersetzung und Erklärung der Psalmen (Frankfurt am Main 1882, 108

60 Mk 1,11

61 Mk 1,12

62 1 Mose 32,32

63 Mk 15,40.47; 16,1

64 Mk 16,9

65 Mk 15,41

66 Joh 20,11ff.

67 Vgl. hierzu A. Bittlinger, »Das Vaterunser«, 106f.

68 Joseph von Eichendorff, »Werke in einem Band«, München o.J., 103
69 Engl. Übersetzung des Liedes von Heinrich Held (1620-1659) »Komm, o komm, du Geist des Lebens ...« von Edward Traill Horn (geb. 1909)
70 Wörtl. »belebender Geist«
71 Apg 2,2
72 Apg 2,3; vgl. auch Mt 3,11
73 Hes 36,25ff.; Tit 3,5
74 Edel-Schamoni, »Das Leben im Geist«, Band II, Marburg 1965, 21f.; vgl. auch A. Bittlinger, »Im Kraftfeld des Heiligen Geistes«, Marburg 1968, 70f.
75 Martin Buber, »Erzählungen der Chassidim«, Zürich 1949, 394
76 Vgl. hierzu A. Bittlinger, »Im Kraftfeld des Heiligen Geistes«, 117ff.
77 Diese Vision ist abgedruckt in Ernesto Cardenal, »Gebete für Marilyn Monroe«, 118f.
78 Offb 22,2
79 Lk 9,54
80 Mk 3,17
81 1. Johannes-Brief; vgl. besonders 1 Joh 4,7-21
82 Eusebius, Geschichte der Kirche, III
83 Mt 18,22
84 Mt 8,10; 15,28
85 Z.B. Mt 8,26; 14,31
86 Oswald Chambers, »Mein Äußerstes für Sein Höchstes«, 1961, 278
87 Vgl. hierzu A. Bittlinger, »Im Kraftfeld des Heiligen Geistes«
88 Vgl. hierzu A. Bittlinger, »Charisma und Amt«, CalwerHefte 85
89 Vgl. hierzu A. Bittlinger, »Gottesdienst heute«, Calwer Hefte 94
90 1 Kor 12,12-27; vgl. A. Bittlinger, »Im Kraftfeld des Heiligen Geistes«, 71ff.
91 Vgl. hierzu A.Bittlinger, »Papst und Pfingstler«, Bern 1978, 215ff.
92 Vgl. hierzu A. Bittlinger, »Das Vaterunser«, 64ff.
93 1 Kor 11,27ff.
94 »Liturgie zur Feier des Heiligen Abendmahls«, Schaffhausen 1953, 11
95 Zum Ganzen vgl. A. Bittlinger, »Das Abendmahl im Neuen Testament und in der frühen Kirche«, Craheim 1969

96 Vgl. hierzu A. Bittlinger, »Tempel im Gehör« (Gedanken & Studien), Metanoia-Verlag

97 Vgl. hierzu 2 Kor 12,2f.

98 2 Kor 4,16ff.

99 2 Kor 12,1ff.

100 Zit. in Walter Nigg, »Große Heilige«, Zürich 1952, 225f.

101 A.a.O., 231

102 A.a.O., 232

103 Vgl. 1 Joh 4,16